HONGKONG TRAMS CULTURE PRESERVATION SOCIETY
會學育保化文車電港香

謝耀漢
John Prentice　合著

由電線車說起

駛過百年的軌跡

增訂版

中華書局

序言一 ‥‥‥‥‥‥‥‥‥‥‥‥‥‥‥

我深感高興及榮幸向各
位推薦這本由一位稱得上是
香港電車的真正朋友 ——
香港電車文化保育學會會長
Joseph（謝耀漢先生）編寫
的《由電線車說起：駛過百
年的軌跡》。

　　Joseph 擁有的香港電車歷史檔案十分齊全，他不遺餘力地發掘
香港電車的歷史，部分是大眾甚至我們不曾注意到的。令人驚訝的
是，我們保存的歷史文件實在不多，因此 Joseph 的著作及發現為
我們帶來獨特和有用的資產。同時，我們對持續研究與收集有關香
港電車各式事物及文件的市民表示感謝。透過各位電車愛好者集腋
成裘，電車百年歷史起着豐富社會文化、傳承歷史、成為集體回憶
及團結社會的正面作用。

　　電車在二十世紀如何度過大小動盪，又如何在日新月異的交通
系統下生存，成為我們現在看到的「香港生招牌」？在這本書中，
Joseph 將帶領我們走過香港電車的歷史長廊，由電車起源到最新動
向，都會一一深入介紹。除介紹香港電車歷史外，Joseph 更深入探
討了車務運作及財政狀況等電車公司遇到的不同議題，並剖析我們
在商業社會遇到的種種挑戰。

　　我特別感謝 Joseph 對我們公司員工的敬意。由始至今，無論
是始創時心懷願景的員工，或是之後跨越困難、乘風破浪的員工，
「人」確實對電車公司，乃至香港社會都萬分重要。說起「人」的
重要性，那實在不能不提及各位香港人！世世代代的香港人，多少
都和「叮叮」有特殊的連繫 —— 在他們心中，電車美妙萬分；在

他們常青的眼裏，電車成為了美麗而奇特的城市景觀。因此我們在「叮叮」車頭加上一張彎彎小嘴，除了能貫徹「笑聲笑聲，滿載叮叮」，我們更希望能在電車穿梭港島時散發正能量。「叮叮」是我們的好朋友，亦代表電車公司員工為廣大市民在日常生活中，締造簡單、實際、有趣而真誠的承諾。因此，電車的核心價值，亦不忘「以人為本」這一點。

綜觀香港電車的現在與未來，或者你也能發現一點諷刺。這個已屹立百年，且被部分人認為是過時的公共交通工具，原來早已能做到未來所需：建造簡單、節省空間、路邊零排放、幾近隨傳隨到的高頻率班次，且站距極短。香港電車車費低絕全球，亦經常舉辦免費乘車日，照顧社會各界所需。如此一來，香港電車不也是領先社會嗎？

親愛的 Joseph：再次衷心感謝你於此書中，向大眾介紹電車為香港所帶來無價的特色與價值。香港電車是香港珍貴的標誌，有賴我們員工以重大的努力和熱誠長遠維持電車運作以便服務市民。我們衷心希望電車的價值與歷史能繼續啟發香港成長，為地區發展帶來正面影響。

香港電車董事總經理

敖思灝

Foreword One

It is my pleasure and privilege to introduce this new book by a true friend of Hong Kong Tramways (hereafter referred to as "HKT"), Joseph Tse, President of the Hong Kong Trams Culture Preservation Society.

Joseph has incredible archives on HKT. He is relentless on a number of historical facts often unknown to the public but also to the company. Surprisingly our company has very littles archives about our own history, his numerous publications thus constitute a unique and useful asset. We are grateful to those passionate citizens, who continuously research, collect and retain all possible tram relating information, documents or items. Eventually, when they publish the fruit of their labour, it enriches the society, ensures the conveyance of history and unites the public through cultural and collective memories.

In this new book, Joseph brings us through an in-depth journey from trams' origins to the latest developments and achievements. You will better understand how Trams incredibly survived the 20th century turmoil and the development of modern transport systems in the city, and eventually becoming the icon we know. Beyond this chronological path, Joseph's study highlights special topics which are key to Trams daily operations or financial viability, providing a comprehensive picture and an understanding about true challenges faced by Trams to sustain in the real world of business.

I particularly appreciated the tribute that Joseph pays to our staff. Trams is first and foremost a story of "people": from those who have had the original vision, to those who have been taking up challenges over the years. But "people" shall also include the Hongkongers! Across generations, they have always been maintaining a special bound with their DingDing. Trams are fantastic because it is in their hearts. Trams are beautiful because we look at them every day through a child's perspective, filled with wonder and amazement. We embedded all this happiness in our "DingDing smile" and to spread positivity throughout the city. Trams are our good friends and our employees' promise to offer simple, authentic and cool moments during our daily lives. This "people-centric" approach is at the centre of our initiatives.

Looking at today and the future, the irony is that this centennial system, that some may consider obsolete, already has most of the characteristics that are attributed to tomorrows' transport systems: light infrastructure, space efficient, zero roadside emission, almost on-demand with high frequency and very short inter-stop distances. It is also socially inclusive in proposing one of the lowest fare worldwide as well as offering many Free Ride Days. Are trams finally ahead of their time?

Dear Joseph, I would like to thank you again for showing the uniqueness, pricelessness and enrichment that Trams bring to Hong Kong. This cherished icon deserves immense passion and hard work by HKT staffs to be preserved and to be kept alive for years to come. We wish that our values and history will inspire Hong Kong as the city keeps growing and impact the development of the region.

Cyril Aubin
Managing Director, Hong Kong Tramways

序言二

　　我對電車和模型製作的興趣早於 1950 年代萌芽，不過直到 1981 年才有機會由英國來港，首度親身體驗香港的電車系統。那真是個讓人難忘的旅程——當時的電車屬於已行走三十年的「戰後電車」，而電車拖卡仍在。木框及金屬結構的電車車身，和二戰前英國電車一樣。部分電車配有 1925 年英國 Peckham 製造的古舊底盤和 Dick Kerr 控制器。儘管香港位處遠東，但仍存有早年英國的風韻——就連路牌這樣微細的東西，也沿用 60 年代中期已被英國淘汰的版本，尤其是看到在 50 年代已在英國消失的「知識的火炬」學校路牌，更讓我有種賓至如歸的感覺。

　　回到英國後，我便着手由零開始建造 145 號電車——我在香港時坐過的其中一部電車的 1:16 模型，是我現時為數約一百部電車模型作品的第一架。

　　爾後我多次再訪香港，木製車架的電車先是換上了新車身，後再改以全金屬製造。現時的電車外貌上仍然保留清晰的英倫風格，且仍配有源自 Edgar Peckham 在 1905 年設計的電車底盤。儘管香港自身隨時代已有不少改變，但我至今仍可感受到香港電車和英國人之間的聯繫。

　　數年前，我有幸和謝耀漢先生一同更新 Atkinson 和 Williams 合編的《香港電車》英文書，並一起於 Tramfare 雜誌撰寫了數篇文章。本書嘗試以更準確、全面的資料向各位中文讀者呈現滿載歷史的港島電車，這次能夠和他再度合作，實在讓我深感興奮！

John R. Prentice

2022 年書於英國倫敦

Foreword Two

I have had an interest in trams and modelling them since the 1950s, but it was not until 1981 that I had the chance travel from the UK to Hong Kong and to see the trams there first hand. What a memorable trip it was. The trams were then all 30 year old "post-war" cars and the trailer cars were still in service. Wooden framed tramcars with metal panelling, a method that was used in the UK pre-war. Trams having old trucks, some Peckham from 1925, and Dick, Kerr controllers. Despite its oriental setting, the colony still had an early-British feel. Even things like road signs were the type phased out in the UK from the mid-1960s and in one case, the school sign with the torch of knowledge, they had vanished from the UK in the 1950s. I instantly felt at home.

On my return to the UK I created a 1:16 scale scratch built model of car 145, one of the trams that I had ridden on, and the beginning of my collection of Hong Kong tram models which now numbers around 100 cars.

On later visits to HK the trams had new bodies, although still wood framed, and finally to the all-metal construction. Even now though the trams still look distinctly British and are running on trucks that would be recognised by Edgar Peckham as evolving from his Pendulum design of 1905. There still feels a connection between HK trams and the British people. However Hong Kong itself has changed, mostly beyond recognition.

A few years ago I had the pleasure of collaborating with Joseph Tse on the update of Atkinson & Williams definitive book *Hongkong Tramways*, and have co-written a number of articles with him for *Tramfare* magazine. I am delighted to be working with him again on this new work, which is aimed at the Chinese speaking market and tries to give an accurate view of this historic tramway on Hong Kong Island.

John R. Prentice
London, 2022

序言三

　　毋庸置疑，香港電車是世界上最具標誌性的公共交通工具之一。既是現今唯一擁有全雙層的電車車隊，其雙層電車亦是全球最窄、最短、最高之一。現時世界上又有哪個城市，能找到如此龐大、以兩軸車卡營運的電車系統？看看外國例子：除了香港電車外，世界上最後的雙層兩軸窄軌電車（軌距為 3 呎 6 吋 /1067 毫米）已在 1953 年於英國伯明翰退役，而僅僅十一年後，最後一輛兩軸電車亦於西班牙巴塞隆拿退出歷史舞台。

　　香港電車系統自 1929 年在筲箕灣加建一條長 330 米的路軌後，已無進一步拓展或縮細。儘管多處電車軌曾進行重鋪、雙軌化或調整走線，看似不受注目，但其今日仍如 1929 年時般，連接堅尼地城及筲箕灣，並以一個單向迴圈連接跑馬地。值得一提的是，1929 年香港並無專利巴士服務及地下鐵路：當時連接愛丁堡廣場和九龍，只有每小時開出一班的渡海小輪（和九廣鐵路一樣全由蒸汽動力驅動）。

　　香港電車內裏雖暗藏當代技術，但其外貌卻能完美融入 30 年代英國 West Midlands 的景觀當中，沒有絲毫的違和感。電車的古老特色使其多次被建議廢除——以電動無軌電車取代有軌電車的方案，曾於 1925、1946、1965、1981 和 1999 年五度被提出，而電車公司亦於 1976 年提出以大型的流線型雙層電車替代固有的電車。此外，政府曾於 1978 至 1979 年間提出將電車系統升級為標準軌距的輕鐵系統，作為地鐵港島綫以外的選擇，亦不時由不同公

司、政府部門及專家提出以路面巴士取代電車的計劃。但是，基於欠缺空間加建路邊巴士站、馬路空間不足以改劃巴士專線及受限於《電車條例》下運作等因素，當世界部分城市引入現代化交通並淘汰被認為效率低的古老電車，香港電車仍然能在同行激烈的競爭下持續運作多年。

香港電車過往曾創下每日載客超過 50 萬人次的高峰，而被視為不可或缺的交通工具。可是現時電車每日載客量回落至不及 60 年代的一半，高峰期已成過去，現在似乎已成了「準歷史文物」。雖然政府和服務營運商亦盡力維持其懷舊的特色，然而，香港電車目前仍是繁忙的公共交通系統，談不上是博物館展品。

我和香港電車的淵源在 1977 年開始。當時，我被安排為屯門輕鐵計劃（西北鐵路）工作，而香港電車直到 1983 年為止一直有意發展該計劃。一年後我被調遷到運輸署，協助發展港島電車升級為輕軌系統的計劃。那時候我打從心底感到十分矛盾，因為我知道當我們發展一個既嶄新又複雜的計劃時，會同時摧毀一個經典的電車系統。在我專責屯門輕鐵計劃後數年，1985 至 1993 年間同時管理香港電車的日常營運。最後，我在離開運輸署六年後，於千禧年前後重返該部門，為香港電車的未來進行顧問和研究工作。

一如先前更新由 Atkinson 和 Williams 在 1970 年合編的《香港電車》英文版，謝耀漢和 John Prentice 探究了許多珍貴的電車資料，必定會吸引各位讀者的興趣。我很高興能為該書貢獻數篇有關 1970 至 2013 年間的電車發展。

我很榮幸能和香港電車合作超過 15 年。那些日子中我們時刻絞盡腦汁，讓電車系統能一帆風順地運作下去。相信誰也沒有想到，電車能夠成為如此優秀書目的題材。

溫禮高

2021 年書於英國倫敦

Foreword Three ▪ ▪▪ ▪▪ ▪▪ ▪▪ ▪▪ ▪▪ ▪▪ ▪▪

Hong Kong's trams are surely amongst the most iconic public transport vehicles in the world. Not only do the Hong Kong trams constitute the only all-double-deck fleet of trams anywhere today, but the trams are amongst the World's narrowest, shortest and tallest. And where else can one find a significant urban system operated solely by two-axle cars? Historical comparisons abound: apart from Hong Kong's trams, the last two-axle double-deckers on 3 ft 6 in (1067 mm) gauge tracks ran in Birmingham (UK) in 1953, and a mere eleven years later the last two-axle trams on any gauge ran their last journeys in Barcelona (Spain).

The network upon which the trams run is hardly less remarkable, having neither expanded nor contracted since 330 metres of track were added in Shau Kei Wan Main Street during 1929. Certainly, much of the track has been re-laid, doubled or realigned over the decades, but the route still connects Kennedy Town with Shau Kei Wan, plus a one-way loop around Happy Valley – just as it did in 1929. It is worth remembering that in 1929 there were no franchised buses and no MTR: ferries were powered by steam, as was the KCR, with hourly departures from its terminus at Edinburgh Place in Kowloon.

Hong Kong's trams conceal contemporary technical features, but outwardly they would have looked completely at home in Britain's West Midlands during the early 1930s. The trams' conspicuous antiquity has incited schemes to scrap the system several times. Replacement by electric trolley buses was seriously considered in 1925, 1946, 1965, 1981 and 1999, whilst Hongkong Tramways itself proposed to upgrade the system with very large streamlined double-deck trams in 1976. By 1978-79 the Government was developing plans to upgrade the tramway to a standard gauge LRT line (as an alternative to the MTR Island Line). Needless to say, from time to time various companies, government departments and individuals have recommended tramway replacement by ordinary buses, but a combination of factors – such as inadequate space for additional kerbside bus stops, insufficient room for road-centre bus lanes and the legal implications of operating under a Tramway Ordnance have all helped to keep the trams running many decades after their peers succumbed to the forces of darkness.

It used to be the case that Hongkong Tramways carried so many passengers (over half a million trips every day) that the system was regarded as indispensable. Those days have long gone, and the trams now carry fewer than half the passengers that they did in their early 1960s heyday. The tramway now seems to have limped into quasi-heritage status, and strenuous attempts are made by the government and the operator alike to preserve its character rather than to display any aggressive evidence of modernisation. Yet, for all its antiquity, Hong Kong Tramways (as now we must call it, with "Hong Kong" as two words rather than one) is still a very busy work-a-day public transport service rather than some cosy museum piece.

My own association with the Tramways began in 1977 when I was called to work on the Tuen Mun LRT scheme, in which HKT would take a leading interest until 1983. A year later I found myself in the Transport Department, working on the plans to upgrade the tramway to LRT: emotions were sharply divided at this time, knowing that we were developing an extremely complex and cutting-edge scheme that would simultaneously result in the destruction of the classic tramway. After several more years working on the Tuen Mun scheme, I found myself responsible for the day-to-day regulation of the Tramways between 1985 and 1993. Finally, six years after leaving the Transport Department, I was back there at the turn of the century to work on a consultancy study that considered the future of the tramway.

Joseph Tse and John Prentice have managed to identify a host of extraordinary facts that will surely fascinate every reader (as they did in the latest *Hongkong Tramways* book, an updated version of the late Atkinson and Williams in 1970). I was delighted to be contributed a few chapters on the tramway development from 1970 to 2013.

It was my privilege to work with the tramways for over 15 years, but for most of those days we needed all our wits about us to keep the tramway running at all. Nobody could have thought then that the tramway would be the subject of a gorgeous book such as this.

Tim Runnacles
London, 2021

序言四

電車──香港標誌（ICON of Hong Kong）是全球唯一仍然行駛的雙層電車隊，擁有共 165 輛行走西面堅尼地城至東面筲箕灣的電車。電車公司在 2021 年榮獲「最大的服務中的雙層電車隊」健力士世界紀錄。

乘搭電車更是每位遊客來港必做的活動之一，能夠享用全世界最便宜的車資更可以享受到浪漫的旅程，在徐徐車程中飽覽香港各區特色。留下美好的回憶，親歷一個中西融滙的城市。

翻閱過去香港已出版有關香港電車的專書，由七十年代至今（1974-2023）共有約 20 本。其中最早是於 1970 年由 RLP Atkinson & AK Williams 合著《香港電車》英文版，最新的一本是中華書局出版，Joseph Tse & John Prentice 的《由電線車說起─駛過百年的軌跡》。此書具有相當豐富的資訊，配合罕見的舊歷史相片及特別取景的現代照片，適合不同層面的讀者─迎合專門研究電車的專家、學者，鍾情電車的車迷，普羅乘客及遊客也必定喜歡。

　　自從 1984 年政府做了一個全港民意調查「電車的存廢問題」意向，結果當然是保存電車，證明電車備受市民愛戴及支持。

　　對於電車的感覺，我在過去三十多年的收藏歷程中最喜愛還是電車藏品及所有關於電車的一切。

　　記得 2009 年在鑽石山荷李活廣場舉辦我個人電車展而認識了 Joseph，往後十多年彼此分享，交流，而樂此不倦。

　　電車專書最初在七十及八十年代每年只出版一本，踏入九十年代開始，資深交通專家陳自瑜出版了《香港電車手冊》及本人也出版了第一本中文電車書《香港電車》。之後到了千禧年，於 2004 年電車公司慶祝 100 周年誌慶，邀請 Mike Davis 在英國出版了特刊 Hong Kong Tramways 100 Years。在往後的歲月裏，各式各樣的電車書籍百花齊放，差不多每年也有出版，真是電車迷的喜訊。在此謹祝中華書局此書「一紙風行」，「洛陽紙貴」！

張順光
香港收藏家協會前會長

自序

　　十分感謝中華書局
（香港）有限公司精心製
作這一部電車編年書，同
時感謝電車公司一直對學
會的支持，特別鳴謝董事
總經理敖思灝再次為書題
序。

　　由電車迷轉為學會會
長，多了一份使命感，我轉而思考還可以為電車做些什麼。電車／
叮叮早已是我們耳熟能詳的名詞，已有一定的認識，然而有關早期
電車的資料非常少，以往的出版物多集中在個人舊物收藏或是歷史
以外的角度寫電車。加上很多史前文獻在舊廠最後一天意外燒毀，
致使電車歷史猶如斷代史般呈現讀者的眼前。

　　本書源於去年學會電車展覽後，獲得多方好評，認同香港應該
擁有一個屬於電車的博物館。

　　一切，由電線車開始。

　　多年來越洋支持的合編者 John Prentice 已和我合作無數次，上
一次和他合編《香港電車》英文版，撰寫和選圖都是以他為主導，
我的重任便是補充該書 1970 年後的資料，過程也不容易。這次合
編對我而言是最具挑戰的一次。疫情關係圖書館等地方暫停，令我
少了一個到場查冊的機會，只能轉移嘗試從有限的舊報紙及舊圖片
逐一如大海撈針般探索，慶幸獲得不少史料，慢慢將斷代史重新拼
湊。特別感謝無數背後慷慨提供珍貴圖片的幕後英雄！

　　電車對我來說，已是生命的一部分。1986 年第一次搭電車，

不經意踩到地板的腳鐘，發出「叮叮」聲響，自此我每次搭電車都會習慣踩一次，就像告訴電車：我上車了！

2006 年有了數碼相機的幫助，加上機緣巧合，讓我短短數年間就將全數 162 部電車拍下來。不久法國威立雅宣佈收購電車，成為當時一大新聞，電車的未來成為關注話題。其中一項計劃是以十年時間替換全數柚木電車，只保留數部有歷史價值的，直到目睹第一部柚木電車被拆開始，我才意識到這一幕竟然來得這麼快。

拆掉的舊車數目慢慢增加，有一刻我想過放棄這個紀錄。遠處聽到柚木車身撕裂的聲音，比圖片更震撼，就像送別老朋友般揪心。後來得到網友鼓勵，我忍着淚繼續記錄。

「下次見」，我們經常將這一句話變成習慣。大家曾否想過，每搭一次舊車，都可能是最後一次。

更可惜的是，數部有歷史價值的車早已經不在了。

歷史必然和年份緊扣，部分電車歷史缺少了確實的年份，甚至張冠李戴，這部分取決於城市對歷史的重視程度。

昔日除了九龍電車計劃外，電車公司還計劃發展新界、港島南、柴灣等電車網絡，更短暫營運過九龍區巴士服務，本書亦會記述一些電車專線、從早期電車票的車站分佈拼出電車路線不同階段的發展、電車由洋人優先的等級制度演變成今日落車付費的獨有模式、電車改善計劃、以及目前年資最長的前電車員工寶貴的口述歷史等等，務求讓讀者對電車歷史多一份認識。

本書盡量闡明資料來源，期望能夠為補全和普及電車歷史略盡綿力，如有紕漏還望各位雅正。

香港電車文化保育學會會長

謝耀漢（Joseph Tse）

2022 年夏

目錄

上篇 電車百年源流史

1

由電線車
說起

Prospectus.

THE HONGKONG HIGH-LEVEL
TRAMWAYS COMPANY,
LIMITED.

CAPITAL 125,000 DOLLARS.

In 1,250 Shares of $100 each. On each share the sum of $50 is to be paid upon allotment; and the balance by one call to be made at such time as the General Managers, with the advice and direction of the Consulting Committee, shall determine.

Consulting Committee:
The Hon. PHINEAS RYRIE.
A. McIVER, Esq.
J. B. COUGHTRIE, Esq.
A. FINDLAY SMITH, Esq.

General Managers:
Messrs. MacEWEN, FRICKEL & Co.

Bankers:
THE HONGKONG AND SHANGHAI
BANKING CORPORATION.

Solicitors:
Messrs. WOTTON AND DEACON.

Company's Office:
36, QUEEN'S ROAD, HONGKONG.

Abridged Prospectus.

THE Company (which was duly incorporated as a Company Limited by shares on the 17th day of August, 1885) has been formed for the purpose of constructing, equipping and working a line of Tramway between a terminus adjoining St. John's Place in Garden Road and Victoria Gap, Hongkong.

With this object in view, the Company has acquired from the Hon. P. RYRIE and Mr A. FINDLAY SMITH the right to construct and maintain such a Tramway by an Indenture dated the 12th day of September, 1885, and made between the Hon. P. RYRIE and A. FINDLAY SMITH of the one part

✤ 早期山頂纜車的招股廣告。
China Mail,
16 September 1885

H.K.H.L.T. Co. Ld.
St. John's Place or Victoria Gap or Kennedy Road to Plantation Rd to
SEE 50c BACK SEE 50c BACK
Plantation Rd or Kennedy Road or Victoria Gap St. John's Place
FIRST CLASS FIRST CLASS
To be given up at the end of journey

A 81818 A 81818

✤ 早期的纜車票。

Peak

✤ 以洋人為服務對象的山頂纜車。

1.1

興建香港電車的建議

1881 —— 1901

香港開埠初期，主要交通工具只有轎子和人力車。十八世紀香港人口已經超過 17 萬人，轎子適合窄和斜的山路，人力車則風馳於平和闊的大路，各有市場。未有電車行走前，山頂纜車是最早營運的公共交通工具。

1881 年 5 月，蘇格蘭商人芬梨史密夫（Alexander Findlay Smith）首先致函港督軒尼詩（John Pope Hennessy）提議在港島興建山頂纜車，方便當時聚居在山頂的英國人和外籍商人。1881 年 6 月 13 日，定例局（即今天的立法會）議員寶其利（Hon. Mr. F. Bulkeley Johnson）參考芬梨的構思，向政府提交興建路面電車的私人草案，認為可以改善交通擠塞，促進商貿發展，還可以為庫房帶來進賬。他的建議獲得總商會主席衛利（Hon. Mr. Phineas Ryrie）和華人代表伍廷芳（Ng Choy）支持。伍廷芳在定例局上發言，指出有軌電車配合人口急速發展，讓公眾多一個選擇。草案於 1881 年 7 月 2 日刊憲，雖然《德臣西報》於 1881 年 6 月 16 日發表社評，認為有軌電車會對轎子和人力車的運作造成影響，不過草案經多次審議討論後最終獲得通過。1882 年政府頒佈《有軌電車事業條例》，將路線分成 6 條：

, Hong Kong

1. 灣仔海旁東至皇后大道東（單軌）

2. 皇后大道東經皇后大道中到上環皇后大道西水坑口（雙軌）

3. 水坑口到皇后大道西近正街（單軌）

4. 皇后大道西近正街到海員俱樂部／煤氣公司（單軌）

5. 灣仔到筲箕灣（單軌）

6. 花園道至山頂（單雙軌混合）

THE HONGKONG GOVERNMENT GAZETTE, 16TH DECEMBER, 1882. 947

The expressions "carriage" or "carriages" shall include all carriages, cars, and trucks used upon any Tramway.

"Carriage."

The expression "the works" or "the undertaking" shall mean the works or undertaking of whatever nature which shall by this Ordinance be authorized to be executed.

"The works."

Construction of Tramways.

3. When and so soon as this Ordinance shall have come into operation as hereinafter provided (but not before) the Company may construct and maintain, subject to the provisions of this Ordinance, and in accordance with the plans which have been deposited as hereinafter mentioned, the Tramways hereinafter described, with all proper stations, crossings, passing-places, sidings, junctions, rails, turn-tables, plates, offices, weigh-bridges, sheds, works, and conveniences connected therewith, or for the purposes thereof, and may work and use the same.

Construction of Tramways.

The Tramways authorized by this Ordinance are:—

Tramway No. 1.—A single line, one mile, two furlongs, 4.24 chains in length, commencing at the North-west corner of Inland Lot Number Four hundred and seventy-one, thence passing along the Praya East, Wanchai Road, and Queen's Road East, and terminating at a point opposite the entrance to the Eastern Market at the junction with Tramway No. 2.

Tramway No. 2.—A double line, one mile, four furlongs, 1.21 chains in length, commencing at a point opposite the entrance to the Eastern Market at the junction with Tramway No. 1 at its termination, thence passing along Queen's Road East, Queen's Road Central and Queen's Road West, and terminating at a point opposite Inland Lot Number Two hundred and nineteen at the junction with Tramway No. 3.

Tramway No. 3.—A single line, three furlongs, 2.77 chains in length, commencing at a point opposite Inland Lot Number Two hundred and nineteen at the junction with Tramway No. 2 at its termination, thence passing along Queen's Road West, and terminating at a point opposite Marine Lot Number Eighty-one, at the junction with Tramway No. 4.

Tramway No. 4.—Whichever of the two following lines the Company shall desire to construct and maintain, that is to say:—

(*a.*) A single line three furlongs, 7.82 chains in length, commencing at a point opposite Marine Lot Number Eighty-one, at the junction with Tramway No. 3 at its termination, thence passing along that part of Centre Street which lies between Queen's Road West and Praya West, thence along Praya West and terminating at a point in the Roadway there opposite the Northern end of an imaginary line separating Marine Lot Number One hundred and eighty-nine from Marine Lot Number One hundred and ninety.

(*b.*) A single line one furlong, one chain in length, commencing at a point opposite Marine Lot Number Eighty-one, at the junction with Tramway No. 3 at its termination, thence passing along Queen's Road West to a point opposite the Southern entrance of the premises known as the Sailors' Home on Inland Lot Number One hundred and eighty-seven ʌ

Tramway No. 5.—A single line four miles, two furlongs in length, commencing at the North-west corner of Inland Lot Number Four hundred and seventy-one, thence passing along the Shau-ki-wan Road to a point on the North side of, and opposite to, the Eastern side of Shau-ki-wan Lot Number Seven.

Tramway No. 6.—A partly single and partly double line, commencing on the South side of the South-west boundary of the War Department ground at its junction with the Garden Road, thence passing in a Southerly direction up the hillside to the Victoria Gap, crossing over the Kennedy and Plantation Roads by means of bridges, and terminating at the Victoria Gap at a point on the North side of Farm Lot Number Fifty-three.

✤ 1882 年訂立的六條有軌電車路線。

✤ 早期電車公司在報章刊登的招股
　 廣告。

China Mail, 8 August 188

其中 1 至 5 號線是電車路線，6 號線是山頂纜車路線。

1884 年 8 月 7 日，香港和中國有軌動車公司（編按：譯名僅供識別）（The Hongkong & China Tramways Company, Limited）公開招股，集資 50 萬元倡議興建以蒸汽發動的低地台雙層電車（low level steam tramways），車廂分為頭等（車頭）、二等（車尾）和三等（樓上），並聲稱是無污染、無噪音（noiseless and smokeless）。《德臣西報》於 1884 年 8 月 20 日發表社評，認為電車在狹窄的馬路上行走會造成交通擠塞，質疑蒸汽電車能否達到無污染、無噪音的效果，集資情況未如理想。加上財團為迎合較多英國人居住的山頂，多熱衷投資興建山頂纜車，因此當局於 1883 年修例，率先開闢連接中環半山至太平山的山頂纜車。

1885 年 9 月 15 日，香港高山纜車鐵路公司（The Hongkong High Level Tramways Company, Limited）公開招股，集資 125,000 元興建登山有軌纜車，同時計劃在山頂站附近興建一間酒店，車站附近亦會築轎子站，方便居民和遊客。遍訪歐美登山車的芬梨，其大計終於實現，山頂纜車於 1888 年 5 月 30 日正式通車。

✣ 山頂纜車。

THE HONGKONG HIGH LEVEL
TRAMWAYS COMPANY,
LIMITED.

OPENING.

THE Public are respectfully informed that the
PEAK TRAMWAY will be OPENED
for Public Traffic on WEDNESDAY, the 30th
instant.

The CARS will RUN as follows between ST.
JOHN'S PLACE and VICTORIA GAP:—

8 to 10 A.M. every quarter of an hour.
12 to 2 P.M. " half hour.
4 to 8 " " quarter of an hour.

UP :—Tickets, First-class, 30 Cents; Second-
class, 20 Cents; Third-class, 10 Cents.

DOWN :—First-class, 15 Cents; Second-class,
10 Cents; Third-class, 5 Cents.

TICKETS will be obtained in the Cars.

Tickets for 30 trips up and 30 trips down,
First-class, at $12.00; and Tickets for six trips
up and six trips down, at $2.50; and Five-Cent
Coupons may be obtained at the Office of the
GENERAL MANAGERS.

Hongkong, 28th May, 1888.   t539

✣ 山頂纜車即將通車的廣告。
Hong Kong Telegraph, 28 May 1888

十多年後，部分香港和中國有軌動車公司的合夥人向政府重提興建電車，惟政府以填海導致舊線不適用和引致交通擠塞為由，拒絕申請。然而 J. Dalziell 先生用英國城市及利潤收支等數據，力說當局興建電車。草案 1901 年 7 月 15 日通過首讀，8 月 29 日及 1902 年 4 月 30 日通過二讀和三讀，最終 1902 年 5 月 23 日政府頒佈 1902 年第 10 號法例（Ordinance No.10 of 1902），落實上述的 1 至 5 號線並劃分為七段，港島北面的電車系統正式誕生。現時的《電車條例》（Tramway Ordinance）是根據上述初版修訂而來，並納入香港法例第 107 章。

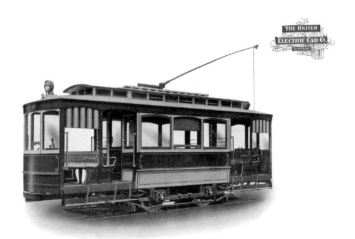

Combination Vestibuled Car

For . .

THE HONG KONG
ELECTRIC TRAMWAYS.

	Ft. in.
Length of body over corner posts	12 5
Length over platforms	28 0
Total length over all	29 0
Width over body	6 1
Width over roof	6 4
Clear height inside at centre	7 10½
Over-all height from rail to top of trolley plank... ...	10 11
Gauge	3 6

Seating capacity : Inside 16, outside 16—Total, 32 passengers.
Seats inside closed portion lath and space, longitudinal type.
Drop windows in centre portion.

✧ 早期電車的英國製造商。

✥ 中環德輔道中太子大廈外苦力鋪設電車軌。
Dave Packer

1.2

香港電車的誕生

1902 —— 1904

　　1902 年 2 月 7 日（光緒二十八年），香港電線車公司
（Hongkong Tramway Electric Company Limited）根據 1902
年第 10 號法例（Ordinance No.10 of 1902）在英國倫敦註
冊成立，路軌、車身和電力設備等全部在英國生產，再經
水路運往香港裝嵌。

　　1903 年 5 月電車公司英國工程顧問 Alfred Dickinson
& Company 在港開展電車路軌規劃，由承包商 Dick, Kerr
& Co., Ltd. 僱用苦力負責路軌鋪設工程。初期三分之二是
單軌，沿靠着海岸線，以分段方式在不同地點鋪設然後逐
步連接，9 月底跑馬地、銅鑼灣以東至筲箕灣大致完成，
1904 年 6 月（即通車前一個月）進行封路試車。餘下灣
仔軍器廠街以西路段 1904 年 7 月至 8 月完成。當時中西
報章都有跟進電車軌鋪設進度的報道。

　　電車軌分成三款地基，以填土、非填土和實土形式
處理。單軌旁邊築有單邊電桿（side-poles），中央電桿
（centre-poles）則安裝在兩條路軌的中間，與電纜連接。
單軌和雙軌的交會點設有避車處（passing places），沿線
設有分支電箱（feeder pillars）並連接電話系統。

　　第一部電車 16 號於 1904 年 7 月 2 日（星期六）下
午進行試車，途經跑馬地黃泥涌道及銅鑼灣一帶，過程
順利。7 月 20 日，26 號電車進行第二次試車，這次前往
筲箕灣並環繞馬場，工務局人員通過驗車。7 月 22 日，
電車公司安排一部頭等電車和三等電車，首次邀請傳媒
試車。三次試車，第一任總經理 Gray Scott 及英國 Alfred
Dickinson & Company 駐港工程師 Harold Hackwood 都有

✥ 1904 年 7 月電車服務揭開序幕，一部
　電車停在中環亞歷山大行附近接載乘
　客，路上的行人站在旁邊看熱鬧。

✥ 香港電車營運商包括華人和洋人，電車車身組件由英國運抵香港
　車廠裝嵌，並測試發電站內的供電設備，為通車做好準備。

John Prentice

隨同試搭。

　　1904 年 7 月 30 日（星期六）上午十時，署任工務司鍾斯（Patrick Nicholas Hill Jones, Acting Director of Public Works）偕同夫人主持電車啟行儀式。鍾斯夫人駕駛電車由軍器局街出發，駛至寶靈頓一帶，她的兒子沿途興奮地敲鐘響號，揭開了電車服務的序幕。行人對於電車行駛都感到好奇，聚集在電車路兩旁看熱鬧。雖然現時官方將每年 7 月 30 日定為週年慶，不過要到 1904 年 8 月 13 日，堅尼地城至筲箕灣才全線通車。

頭等和三等電車

　　1903 年 1 月電車公司向英國 Dick, Kerr & Co. 訂購 26 部單層電車，以組件形式由英國運來香港的電車廠裝嵌。其中 17 至 26 號為頭等電車（Combination Car），1 至 16 號為三等電車（Cross-bench Car）。三等電車屬開放式設計，十排背對背橫向座椅，可載客 48 人；頭等電車中間是密封式車廂，兩邊有對坐長櫈；前後兩端為開放式，每邊各有兩對背對背橫排座椅，可載客 32 人。

　　電車車身全長 29 呎（約 8.8 米），闊 6 呎 1 吋（約 1.9 米），前後輪距為 6 呎 6 吋。車身顏色為金黃（canary yellow）及棗紅（deep red-brown）兩色配以金色邊框。兩款電車的車頂有拱形通風窗（clerestory roof），車身兩側有帆布捲簾。早期電車沒有車門，只有簡單扶手，車燈（headlamp）在車頂兩端，車頭放置目的地牌。1911 年起，車燈下移到車窗下方中間位置，目的地牌移到車頂。

✤ 開放式設計的三等電車，裝有十排背對背橫排座椅，可載客 **48** 人。
英國國家檔案館藏

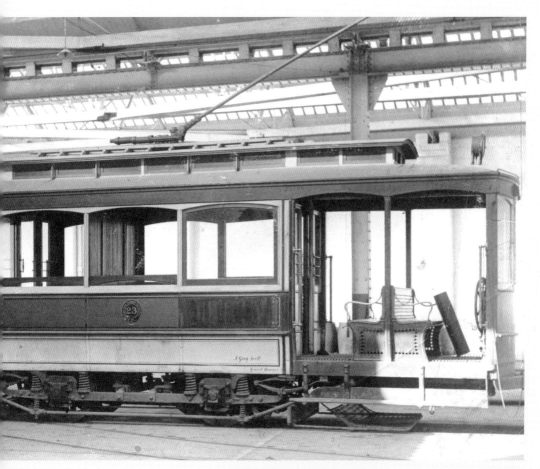

❖ 23 號頭等電車在車廠內完成裝嵌，車身中間是襪帶式標誌
（garter），顯示 "Hongkong Tramway Electric Co., Ltd." 和
車身號碼，右下角是法定人第一任電車總經理 Gray Scott 的署名。

Bob Appleton

✤ 一部頭等和三等分隔的三等電車，前三排為頭等乘客專用，
　車身兩側頂部有對應中英文標示。

✤ 中環花園道附近，一部三等電車車
　身外（頭等座位方向）標示"FIRST
　CLASS"字樣。

✤ 1912 年一部開篷雙層電車由黃埔船塢運往電車廠途中。
　　　　　　　　　　　　　　　　　　　　張順光

ad and Electric Car, Hongkong

頭等專用座位

電車初期分為頭等和三等（從來沒有二等），不過有頭等乘客反映中央的密封式車廂雖然裝有風扇，但相對三等車廂較為局促，電車公司於是將部分三等電車的頭三排座椅劃分給頭等乘客，以隔板將頭等和三等分隔，車身兩側頂部有對應中英文標示。

其後他們再反映這個改動在總站轉車時會造成不便，而且在洋人優先的觀念下，頭等乘客不願意使用三等乘客坐過的位子（尤其是認為華人苦力較骯髒），電車公司決定將上述變動擴大至頭等電車，並在車身外（頭等座位方向）標示 "FIRST CLASS" 字樣，方便頭等乘客識別上車方向。這種頭等和三等混合的模式，成為後來雙層電車頭等和三等車廂的格局。

自從電車通車後，不少苦力使用手推車在路軌上運送貨物，阻礙電車服務，因此電車公司於 1911 年修例，禁止電車以外的車輛使用，違者處以罰款。1916 年政府刊憲禁止貨車車輪距離與電車軌距相同，否則不獲續牌。

工人車（Workmen Car）

因應大量的勞動人口，1904 年 9 月 15 日，政府立法規定電車公司需要每天提供接載工人的特別班次電車。車費每站收兩仙士，來回收三仙士。服務時間如下：

早車	堅尼地城至中環街市	上午 6 時 55 分，2 班車
	鰂魚涌至二號差館	上午 6 時 55 分，4 班車
晚車	中環街市至堅尼地城	下午 6 時，2 班車
	二號差館至鰂魚涌	下午 6 時，4 班車

其後為了方便居於西營盤及灣仔以東的手作工匠及散工工人乘搭電車，1906 年 6 月 21 日定例局修例，早車改由堅尼地城至軍器局街、北角至永樂街 / 干諾道交界；晚車改由軍器局街至堅尼地城、永樂街 / 干諾道交界至北角。可是此等票價優惠對工人來說仍是吃力，1909 年 5 月 13 日，工人車因需求減低而取消。

雖然 1905 年 2 月電車公司增訂 10 部三等電車，但電車每年載客量達到 700 萬至 800 萬人次，顯然已不足以應付，這促成後來雙層電車的出現。

新加坡單層電車

早期香港的單層電車和新加坡的單層電車（1905-1927）出自同一間英國生產商：The United Electric Car Co. Limited。下表是兩者的分別：

	香港電車	新加坡電車
啟用年份	1904 年 7 月 30 日	1905 年 7 月 25 日
車隊數目	· 10 部頭等電車 · 16 部三等電車	· 20 部頭等電車 · 30 部三等電車

唯一不同的是，香港單層電車車頂有拱形通風窗。

1906 年版電車

1906 年 9 月 18 日的丙午風災，三部電車被強風破壞，其中一部更被吹倒撞毀旁邊的樓房，電車公司損失五千英鎊。經搶修後，翌日上午 6 時電車服務恢復正常。該二部電車改裝成頭等和三等合併的模式，三分之二為三等，三分之一為頭等，乘客可從車身額外的側門上車。

1909 年 4 月，員工以一部風災後復修的 1906 年版電車歡送榮休的總經理 Gray Scott。至於首位使用電車的貴賓是 1909 年 7 月 29 日訪港的候任兩江總督張人駿，而首部電車改裝成的花車於 1911 年 6 月佐治五世加冕儀式（Coronation of King George V）巡遊中亮相。

Junction of High Street & North Bridge Road, Singapore

✤ 1905 年啟用的新加坡電車，外型和香港早期單層電車一模一樣。

✤ 1909 年 Gray Scott（前排中央）榮休儀式上管理層和華人電車員工合照留念。
　　後面是風災後復修的電車。

John Prentice

✤ 1906 年丙午風災，三部電車出軌，其中一部電車被風浪推上撞毀旁邊的騎樓。

港車要聞　○古巴停職　駐港古巴領事接本國政府電

本港風災

祸颱事已停聊有太平之機云

向來巨風將作早則由半日遲則中日必由天文台照示各訊風將至則號舉上居人奧海面舟子得以早作准備摩見風已至而始親曆者前夜天氣清朗星光閃爍夜深則天邊客有電閃以為驚大雨淒沱風勢驟烈至昨朝七句鐘天邊變大雨湧出天拍岸加以大雨如傾哄不兩旬餘錶即懸報加以大雨如傾哄不不暇寞球不半句鐘即燃炮凡成又乃悉風恐目之堵板者為瀰漫浮海面不留寞港風感者十無一二時燬屋板凌逝隆成卒中者不知省為港面小丹與舟子溶於海中者不見見報者界有之而能至息即停作未曾嘗聞風浪甚生未見其奈知燬至而停泊海面貨船等即覺沈泊之中現停寞海有之而能至輪永濱與往梧州之德圖輪船一躉船華之滿衣哥與往梧省港夜間新昌烟由水面哄漂入海及往梧州之順利火法魚雷船一躉賢文躉船一德圖輪船一躉船等聞佛山一船泊於躉頭為風吹漂新昌烟由水面哄漂入海先至九韻澳泊水不定被吹沈哄亦只有烟管與上船頭頭沈下只有烟管與上躉頭廣州水面消息未炮新昌輪船泊水泊躉頭廣州水面被風吹立即沉其帆船希沈沿沈覺同沉哄至九韻倉希沿沈覺同沉相撞洞一九法郵船先去車頁一片而佛山之雷局首顯側其帆船希沈沿沈覺同沉至魚滿衣哥向泊海面以雜能半車不獨風浪造至魚西法魚雷船吹損岸上堆成譚行輪船有安在

✤ 猛烈颱風過後的七姊妹一帶，一部電車被困於路中央。

✤ 1911 年 6 月 22 日，一部丙午風災復修版的單層電車被改裝成花車，
　車身插滿各國國旗及祝賀標語，慶祝英皇佐治五世加冕。

✤ 1911 年 6 月，市面張燈結綵慶祝英皇佐治五世加冕。港督盧吉爵士夫人
  在金鐘登上第一部紀念版電車的歷史性一幕。

電車公司曾經數次改名，變更如下：

日期	公司名稱
1902 年 2 月 7 日	香港電線車公司 Hongkong Tramway Electric Company Limited（英國成立）
1902 年 11 月 20 日	香港電車局 Electric Traction Company of Hongkong Limited（無地域界限）
1907 年 1 月 18 日	香港電線車公司結業，資產轉移母公司香港電車局
1910 年 8 月 5 日	改名香港電車有限公司 Hongkong Tramway Company Limited
1914 年 12 月 1 日	撤換四名原有英籍董事，由居港的三名英籍、兩名華人和一名美籍董事取代
1922 年 5 月 26 日	改名香港電車有限公司 Hongkong Tramways Limited（香港成立）

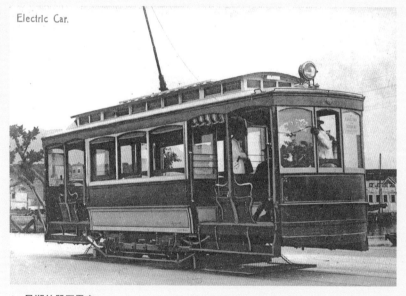

Electric Car.

✤ 早期的單層電車。

✤ 電車使用的叮叮腳鐘

1.3

電車公司名稱考究

1902 —— 1922

電車又叫叮叮，源於早期電車已經使用腳鐘（warning gong）來警示路人注意電車。另一說法是源於打票機在車票打孔時會發出清脆的「叮」一聲。至於電車公司早期名稱的考究，只能在車票及有限的歷史檔案中尋源。

一般修改公司名稱都要修改公司章程（Articles of Association, 俗稱 AoA）再經董事會批准生效，當時電車公司董事會成員全為英籍，可能未有註冊中文名稱。1914年倫敦董事會解散，其後為了方便居港董事，修改章程後董事會改為在港召開。隨着華人持股比例增加，及便於華人識別，推論是正式通車後而衍生「香港電線車公司」以及後來「香港電車局」的譯名，目前僅在車票上看到。

另一方面，電車上的襪帶式標誌（garter），只有寫上 "Hongkong Tramway Electric Co., Ltd."，同樣沒有中文版。翻查當時英文報章多數以 electric tram/electric tramways/electric car 來形容電車，因此推論電線車是譯寫。"Hongkong Electric Tramways" 相信是因應車票長度而出現的縮寫版。至於中文報章多數寫「電車」或「電車公司」，推算當時的人和現在一樣叫法是「坐電車」。

有軌車輛由早期用於填海工程到載客，造就了司機、售票員、機工等新興行業。無論是電車還是叮叮，這個稱呼早已深入民心，不過電車主要電力來源是天線，電線車的叫法似乎更為貼切呢！

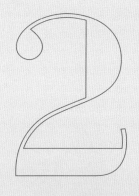

2

戰前電車
的發展

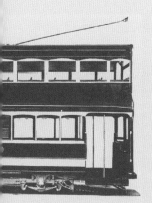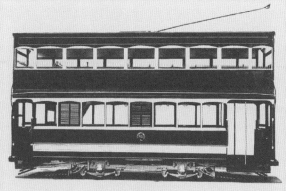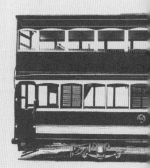

✤ 1912 年由黃埔船塢建造的 37 號車是第一部開篷雙層電車，乘客由車頭上車可往上層車廂。

Tramway & Railway World

✤ 34 號帆布頂電車來到海旁東準備停站，上層帆布車頂是由早期單層車身加上，樓上乘客無須再受風雨影響。

✤ 1923 年癸亥風災中，猛烈颱風將一部電車上層的帆布頂吹毀，路面一片凌亂。

2.1

雙層電車的出現及演變

1912 —— 1925

開篷雙層電車（俗稱第二代電車）

1912 年，10 部雙層電車面世（37-46 號），由黃埔船塢 Hong Kong & Whampoa Dock Company 建造，是首次由本地製造商製造的新款電車。車身屬開篷式設計，車身尺寸比單層電車略短，為 27 呎 6 吋（約 8.3 米），下層兩側各有八格車窗，車頭有一條直樓梯連接上下層，樓上裝有 2+1 橫木座椅，椅背可雙向移動，下層三等客位為對坐長檬，每部可載客 50 人。上層前後兩端裝有路線牌和照明燈柱，頭等乘客在車頭上車，三等乘客則在車尾上車。辛亥革命期間，大量內地人口湧入香港，使電車載客量及盈利有所增加，1913 年電車公司首次宣佈派發股息惠及股東。

帆布頂雙層電車（俗稱第三代電車）

由於下層三分之一和上層被劃分成頭等，頭等乘客不時反映遇上風雨時只能擠在下層避雨，這樣無法安坐上層。為了改善問題，電車公司在 1913 年起，為部分車身上層添加帆布上蓋以遮擋風雨。可是 1923 年的癸亥風災，電車依然抵受不住猛烈颱風的威力，上層帆布被吹毀。而據《工商日報》報道，1927 年一宗意外，17 號帆布頂電車在中環駛往銅鑼灣途中，上層有頭等乘客將煙頭亂扔燒着帆布，引起火災，幸無人受傷。

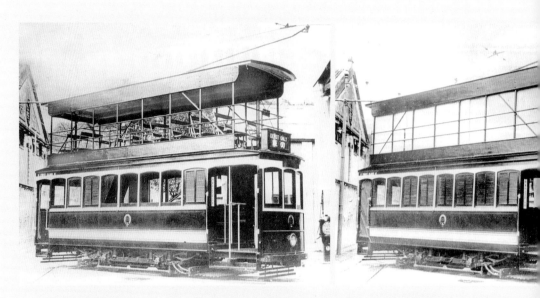

✤ 1923 年起電車陸續換上木製車頂，63 號安裝木製車頂和拉下的帆布捲簾，試驗效果理想。

John Prentice

✤ 約 1928 年兩部木頂電車在上環海旁相遇，兩車皆帶着早期的車身廣告，
　18 號後面是一部密封式雙層電車（戰前電車）。

Tramway & Railway World

木蓋頂雙層電車

1923 年，63 號車試驗木製車頂和將帆布捲簾拉下來加強遮蓋上層車廂的作用，效果比帆布頂理想，其後陸續安裝在開篷式電車上。同年電車公司中止歷來自行發電的安排，改為向香港電燈有限公司購買電力，這些電力以 6,000 伏特輸出，經過變壓後為 550 伏特。兩年後，新設計的全密封式雙層電車面世，逐步替換木蓋頂電車。

全密封雙層電車（俗稱第四代電車）

第一部試驗版（prototype）雙層電車是 22 號，車身上層以鐵架支撐，而且較下層為短，是由早期車身直接加裝上層而成，下層車門上方「頭等」、「三等」字眼維持在開篷式車身時的位置。上層側面的頭尾兩格車窗明顯較後期全密封式電車窄，直到戰後結束仍然可以見到少數這款電車行走，這是唯一可以證明是屬於早期開篷式車身。

其後建造的 47 至 80 號電車目前沒有具體車身款式資料，皆因當時電車公司訂製的車底盤和摩打資料中，並沒有提及是用作安裝在新建車身還是替換舊車身，此外開篷式電車是分階段於 1913 年起上層加裝帆布頂，部分車身則在 1923 年起換上木蓋頂。從有限的早期照片上，大多難以看清楚電車號碼，而增加了辨識的難度。

✤ 密封式雙層電車 75 號屬初期版本，車身上層以鐵架支撐，
　而且較下層為短，上層和下層車窗不對位。

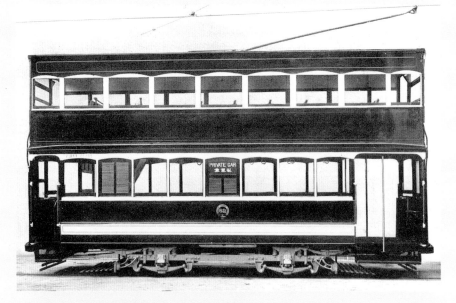

✤ 1925 年出產的戰前電車 82 號，車身比舊車略長，上下層的長度一致，
　車頭樓梯移前，側面有路線牌方便乘客留意目的地。

✤ 約 1927 年的 3 號電車，駛經中環舊高等法院附近，從車尾的角度可以看到上層車身由鐵撐架支撐。
Bob Appleton

✤ 1937 年中環街上所見，乘客站在
車尾搪車邊搭霸王車的險象。

✤ 1925 年部分葡籍志願者加入電車車長，可見電車上的招聘宣傳 "Tramways Volunteers Apply Here"。

Henry Ching

✤ 1919 年紀念一次大戰結束的裝飾電車。

Dave Packer

✤ 1935 年英皇佐治五世銀禧亮燈電車。

戰前電車（1925年）

　　1925年2月27日，香港電車於年度會議上公佈推出6部雙層電車在市面行走，以應付日益增加的乘客量。車身稍微加長至28呎6吋（約8.6米），闊度亦延長至6呎6吋（約1.9米）。車身上下層長短一致，「頭等」、「三等」字眼位於下層車窗上方。全車座位數量增加至62個（樓上32個，樓下30個）。該6部雙層電車取代6部拆毀的舊車，不過無法得知是單層電車還是上層有頂電車（帆布頂／木蓋頂），因為兩款電車同一時間行走。

　　至於車身顏色亦由棗紅金黃配色改為深綠色，據1927年3月7日 *The Hongkong Telegraph* 引述電車公司年度大會，董事會亦考慮將這款綠色車身定為標準。1927年開始，電車下層兩側加裝路線牌，使乘客易於留意電車目的地。電車一直以來沒有安裝車門，主要為了方便乘客能夠從兩旁上車，卻衍生了後來逃票的問題。有些乘客甚至不顧危險追趕行駛中的電車，甚至「掹車邊」搭霸王車，意外時有發生。

　　1925年發生省港大罷工，大量電車、印刷、船務等員工離開職位返回內地聲援。6月21日至6月29日電車服務停止。6月30日電車服務恢復，當時由一些英籍及葡籍志願者駕駛電車。後來電車公司重新培訓華人電車車長，8月16日該批志願者遣散，電車公司舉行答謝儀式。

　　據1935年4月4日《工商日報》報道，電車公司配合英皇佐治五世銀禧慶典巡遊，特別裝飾一部華麗電車，車身掛滿紅白電燈，車身兩旁標有"1910 SILVER JUBILEE 1935"的字句，車頭掛上英皇英后肖像，5月6日起每晚不載客由銅鑼灣開往上環街市。電車公司亦刊

✤ 約 1915 年上環三角碼頭，一部維修電車拉着滿載苦力的卡車。
Dave Packer

✤ 戰後 50 年代仍有一部單層工程車行走。
John Prentice

登公告，表示巡遊有可能令電車服務有所延誤。1937 年 5 月英皇佐治六世加冕慶典，亦有另一部掛滿電燈的電車參與巡遊。

單層電車何時退役？

　　單層電車目前沒有具體退役年份，僅有資料為其中 3 部改作維修電車，一部用作日佔時期的「荷物車」，有一部更行走到戰後 50 年代。而繼 1911 年紀念版電車後，1919 年另一部裝飾電車紀念戰事結束，從車身外表和高度估計是單層電車改成。因此推算單層電車在戰前電車行走後約 1926 年起退役。

　　總結電車由單層到雙層的演變，頭等和三等是初期兩款單層電車車身，雙層電車出現後演變成樓上和樓下，方便區分，沒有二等。1949 年的新設計雙層電車 Post-war Trams，稱為戰後電車，用以區分戰前面世的戰前電車 Pre-war Trams。

✤ 街上往來頻繁的雙層電車。

杯葛電車風波

1912 —— 1913

　　早期香港市面未劃一流通貨幣，乘客搭電車主要以銀幣為主，而香港和廣東貿易頻繁，導致大量廣東銀幣流入。不過廣東銀幣和當時的香港銀幣含銀成分不同，在折算出現差額，兌換虧損增加了電車公司的營運費用同時令利潤減低，每年損失約 4,000 英鎊。港督梅含理希望解決香港碎銀問題，大力推動拒收廣東銀幣的建議。

　　1912 年 11 月 18 日，電車公司、山頂纜車和天星小輪聯合向員工發出內部指示拒收廣東銀幣作為車資，消息一出，激發市民（特別是商人）不滿，發起杯葛電車行動。

　　一批由苦力組成的勇武派向沿路的電車扔石，阻礙電車行駛，並沿途大叫抵制電車的口號，另一批文宣派沿路張貼單張呼籲罷搭電車。警方拘捕滋事分子，11 月 27 日，每輛電車上有配備警棍的警察跟車以策安全。

　　1912 年 12 月 19 日，政府頒佈《防杯葛電車條例》（Boycott Prevention Ordinance），試圖以罰款和監禁來阻嚇，但結果適得其反，反抗聲音日大。為了挽回乘客和收入損失，港府和華人代表商會見面，解釋拒收銀幣是基於其市場兌換率比香港銀幣低，不利本地經濟，並遊說商會支持電車，認購電車公司發售的套票供其員工使用。其後電車公司按政府要求，在 12 月 21 日至 23 日提供三日免費載客日接載華人乘客。1913 年 1 月 3 日政府宣佈整條電車線為受杯葛影響區域，同時起訴部分滋事分子，商人亦和電車公司商討讓步以恢復社會秩序，2 月 7 日防杯葛電車條例取消，事件才告平息。

七姊妹專線

「七姊妹」源於七位女子化身礁石的民間傳說，以泳棚聞名。
1913 年 7 月，電車公司推出夏季七姊妹泳場專線，晚上提供專車
由中環書信館開出，接載泳客前往七姊妹泳場，由於反應理想，
1914 年 6 月再度加開七姊妹泳場班次，電車公司亦提供了帳篷
供公眾租用，同時邀請樂隊在晚間演奏音樂，泳場更有餐廳提供
飲食。電車公司將這條泳棚專線形容為 "Bathing by Moonlight at
North Point"。這條泳場專線收費為頭等一毫，相信只限頭等乘客
使用。

午夜專車

1925 年電車數目已超過 80 部，同年利舞臺落成，1927 年 2 月
10 日啟業，由於位處銅鑼灣心臟地帶，交通便利，吸引達官貴人
前往。當時報章不時刊登廣告，翻查 1927 年及 1928 年的報紙，其
中刊登利舞臺的廣告中提及「夜一點半後必有由電車公司在舞臺街
口配備十數車輛候到全齣完場接客至屈地街止」，「夜戲完場，必
有車搭」，可見每逢夜場演出需要特別的交通安排，利舞臺外面就
是電車路，電車正好方便戲迷離場。

愉園和利園專線

跑馬地愉園遊樂場在馬場大火後生意受到影響，電車公司於
1918 年和 1919 年推出專車以吸引乘客。而 1925 年啟用的銅鑼灣
利園遊樂場亦提供午夜電車服務。一份 1925 年的報紙提及「每晚
十二點特備電車沿途停站往石塘咀」，由此可見最早提供午夜專車
前往塘西風月場所應是利園午夜專車。1933 年 6 月政府宣佈禁娼，
這些午夜專車亦隨之停止。

✤ 七姊妹泳場。

INTIMATIONS

HONGKONG TRAMWAY COMPANY, LIMITED.

NOTICE.

THE Special Summer Services of through First Class Cars have now commenced.

FARE 10 CENTS

Between WHITTY STREET and the NEW HAPPY VALLEY TERMINUS every 10 minutes.
First Car 4.00 P.M.　　Last Car 9.30 P.M.
Between POST OFFICE and QUARRY POINT every 15 minutes.
First Car 4.00 P.M.　　Last Car 10.80 P.M.

BATHING.

At North Point on and after SATURDAY, June 6th. Bathing Tents will be provided by the Tramway Company and a Refreshment Booth by Weissman & Co.

BAND NIGHTS.

A Military Band will perform at North Point on SATURDAY, June 6th, from 9 to 11 P.M., and a newly cleared space will be illuminated. The dates of (subsequent) Band Nights will be notified by advertisement on the Cars.

BY ORDER,
General Manager.

Hongkong, 1st June, 1914.　　[771

IN THE MATTER OF THE COMPANIES' ORDINANCES 1911 AND 1913,
and
IN THE MATTER OF THE HEUNG

✤ 1914 年 6 月電車公司推出夏季七姊妹
泳場專線。
Hong Kong Daily Press, 1 June 1914

✤ 1927 年及 1928 年《工商日報》內的利舞臺廣告均有提及午夜專車。
《工商日報》，1927 年 3 月 8 日、1928 年 1 月 3 日

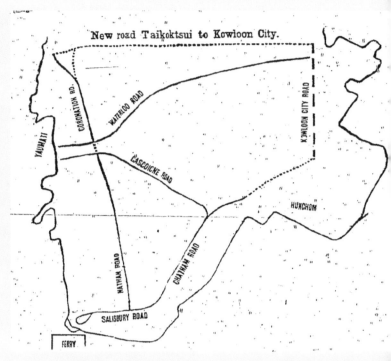

❖ 1919 年政府公佈九龍電車初步路線圖，南起尖沙咀舊火車總站，連接西面的深
　　埗及東面的九龍城。該資料經英國 David Willoughby 繪畫成九龍電車路線圖
　　　　　　　　　　　　　　　　　　　　　　　　　China Mail, 29 April 19[

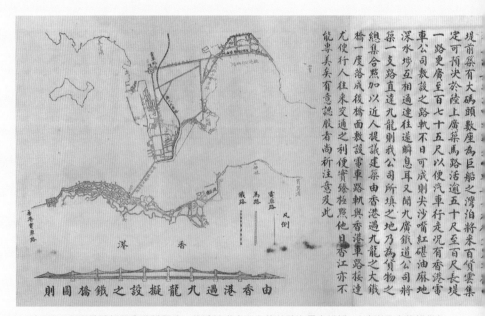

❖ 1919 年啟德濱招股書建議興建一條連接港島和九龍的跨海電車鐵橋。（鳴謝吳貴龍提供）

2.3

九龍電車的構思

1913 ── 1927

　　早於 1904 年，電車公司顧問工程師 Alfred Dickinson 已經提出九龍電車計劃，建議發展一個直達深圳的電車網絡，不過當局並無回覆。及後電車公司於 1913 年 10 月 1 日、1914 年 4 月 17 日、1916 年 3 月 1 日、1918 年 7 月 2 日，先後四次向政府提出申請，仍沒有獲得接納。1919 年 4 月 29 日政府公佈初步九龍電車路線圖，擬定路線由尖沙咀舊火車總站起，經彌敦道西至深水埗（今荔枝角道）及界限街，東線經梳士巴利道、漆咸道至九龍城。翌日（4 月 30 日）《華字日報》評論九龍電車的可行性。1922 年九龍居民協會（Kowloon Residents Association）於年會上亦提出興建電車計劃，可是之後沒有下文。1924 年 2 月，電車公司再向政府交涉，最終仍是失敗。

啟德濱跨海電車大橋

　　1919 年啟德濱招股書裏，載有連接港島和九龍的電車藍圖，建議興建一條跨海弓形鐵橋由中環畢打街到尖沙咀碼頭。根據圖則內容，電車路擬在主要道路上興建，使行人車輛往來方便，可是基於成本高昂及影響維多利亞港船隻航行，故計劃告吹。啟德濱後來收回土地改建成啟德機場。

　　探究九龍電車計劃失敗原因，是當局顧慮到一次大戰後市區急需重建，而且興建電車系統佔用路面，在當時來說缺乏資源。此外相對於電車，社會大眾普遍認為巴士路線靈活，速度快，乘客上落較安全。加上營運成本高、薄利的不利因素下，九龍電車計劃無法成事。即使如此，電車公司曾經短暫營運九龍區巴士。

直通香港九龍之大鐵橋及電車路線全圖

✤ **1928 至 1929 年投入服務的電車公司巴士 94 號，**
行走上環永樂碼頭至跑馬地。
Tramway & Railway World

✤ **1930 年兩部電車公司巴士 93 號和 97 號停在霎東街車廠，**
員工正在清潔巴士車身為出車前做好準備。

2.4

開拓巴士業務

1928 —— 1933

　　九龍電車計劃失敗後，電車公司轉移目標開拓港島和九龍巴士業務。早於 1923 年已經有往來上環街市和北角名園遊樂場的專線巴士，1928 年 10 月 15 日香港大酒店（The Hongkong & Shanghai Hotels, Limited）亦開辦一條來往銅鑼灣及石塘咀的新巴士線，收費一毫，這條巴士線經皇后大道中是沿着電車軌而行，無形中是跟電車搶客。

　　1925 年初及 1927 年 8 月，電車公司先後向政府申辦一條港島巴士／無軌電車服務往來銅鑼灣及屈地街、卜公碼頭與太古的巴士線，均被政府否決。理由是皇后大道太窄且已有人力車使用，若容納電車行駛將會造成路面交通擠塞。1928 年 6 月改申請不經皇后大道後獲得批准。

　　電車公司從英國購入 10 部 25 座位佳牌單層巴士（Guy Motors Ltd.），分別為 90 至 95 號（車牌 574-579，1928 年 11 月行走）及 96 至 99 號（車牌 672-675，1929 年 5 月行走）。巴士車身和當時電車一樣塗上深綠忌廉配色。1928 年和 1929 年電車公司分別開辦了兩條港島巴士線。

　　根據 1928 年《華僑日報》所述，這款無軌電車沿線共有約十餘個四方形停車站，有白色藍字和紅色白字兩種，當中紅色和電車使用的紅牌站性質相同，表示有搭客上落才會停車。

NOTICES.

HONG KONG TRAMWAYS LIMITED.

HAPPY VALLEY SERVICE.

COMMENCING NOVEMBER 5th and during certain extensive alterations to the levels, etc., of the road between the CRAIGENGOWER and POLICE CLUBS—Tramcars will enter HAPPY VALLEY by PERCIVAL STREET.

Also commencing November 5th a Motor Bus Service between WESTERN MARKET and HAPPY VALLEY will be operated. The route will be by the present tramway route except between No. 2 Police Station and Morrison Hill Road where the buses will travel via Wanchai Road.

Service every 7 or 8 minutes. Fare 10 cents.

L. C. F. BELLAMY,
General Manager.

Hong Kong, 1st Nov., 1928.

❖ 1928 年 11 月，電車公司公佈
營運第一條上環至跑馬地的巴士
線。

China Mail, 2 November 1928

New Advertisements

HONGKONG TRAMWAYS LIMITED.

BLAKE PIER—TAIKOO MOTOR BUS SERVICE.

On October 1st, 1929, a motor bus service will be commenced between Blake Pier and Taikoo (West Gate). The route outwards will be via Pedder Street, Des Voeux Road, Queen's Road East, Gap Road, Morrison Hill Road, Leighton Hill Road, Caroline Road and Shaukiwan Road.

The route inwards will be the same except that westward of the R. N. Dockyard it will be via Murray Road and Connaught Road.

SERVICE.

From Taikoo 7. a.m. and every 15 minutes until 11.15 p.m.
From Blake Pier 7. a.m. and every 15 minutes until 11.15 p.m.

FARES.

Blake Pier—Bay View
　Police Station .... 10 cents
Taikoo—Causeway Bay .. 10 cents
Through Fare .... 20 cents

L. C. F. BELLAMY,
General Manager.

❖ 1929 年 9 月，電車公司公佈
將於 10 月 1 日營運第二條巴
士線，往來中環至太古船塢。

The Hongkong Telegraph,
21 September 1929

KAI TACK MOTOR BUS CO., (1926) LTD.

ROUTE NO. 9, NATHAN ROAD.

A ten minutes service of buses will be operated on Route No. 9 (Star Ferry—Argyle Street) between 8.00 and 9.30 a.m. 12.00 noon and 2.30 p.m. and 4.30 and 7.30 p.m. on and from Saturday, May 4.

KAI TACK MOTOR BUS
CO., (1926) LTD.
L. C. F. BELLAMY,
General Manager.

❖ 1929 年由電車公司接管的啟德
巴士公司接手其中一條 9 號線，
往來尖沙咀至旺角亞皆老街。

The Hongkong Telegraph,
4 May 1929

路線 1：上環至跑馬地

1928 年 11 月 5 日電車公司開辦第一條港島巴士線，往來上環三角碼頭（Wing Lok Wharf）至跑馬地，車費一毫。這條巴士線起初沿着電車路行走，但遇上繁忙時間會造成交通擠塞，後來改行干諾道中，不再經德輔道中。《工商日報》評論電車巴士收入時提及如遇上週末跑馬地有足球賽事，車費收入可比平日多出一倍。

路線 2：中環至太古

1929 年 10 月 1 日第二條港島巴士線投入服務，來往中環卜公碼頭（Blake Pier）經畢打街、皇后大道、摩利臣山道至太古船塢東閘（Taikoo Dockyard East Gate）。每日上午 7 時至晚上 11 時 15 分提供服務，全程收費兩毫，分段收費一毫。因早上時段筲箕灣開出的電車多數客滿，這條長途巴士線大大舒緩了筲箕灣電車服務的緊張，也為前往東面的乘客（尤其是太古船塢工人）提供一個較快捷的方式。

九龍巴士

1928 年電車公司收購啟德客車有限公司（Kai Tack Motor Bus Co. (1926) Ltd），1929 年公佈獲得政府批准，然後接手 16 部丹尼士單層巴士和三條九龍巴士線（尖沙咀碼頭至九龍城、油麻地至九龍城、油麻地至旺角），並

增購 4 部巴士。電車公司接管其中一條往來尖沙咀至旺角亞皆老街的 9 號巴士線。除了調整路線改經彌敦道外，電車公司亦加開夏季往來尖沙咀天星碼頭至大環山沐浴場（Tai Wan beach）的巴士服務以求增加乘客。

可是隨着乘客量下跌和行車里數下降，巴士數目減至 5 部。1931 年電車公司年度大會上表示，巴士業務在激烈競爭下業務錄得嚴重虧損，相比港島的電車業務則獲得增長，尤其是筲箕灣至上環新線的載客人次和收益均有大幅增長。據 1932 年 2 月 17 日 China Mail 引述電車公司年度大會，1929 年和 1931 年比較數字如下：

	載客人次	收益
1929 年	6,021,553	$359,141
1931 年	9,257,912	$546,854

而巴士的平均行車里數逐步下降：

1930 年	38,290
1931 年	34,700
1932 年	33,000

1933 年中華汽車（中巴）獲得巴士專利權，電車公司於同年 6 月以每部大約 5,000 英鎊將 25 部啟德巴士及 8 部電車巴士出售，當中 8 部電車巴士（90、93-99 號）售予中巴，結束了短短四年半的巴士業務。

2.5

日佔時期的電車營運

1941 —— 1945

　　1941 年 12 月 8 日，日軍襲港，電車服務受到嚴重影響，大部分路段被空襲的炮火破壞，電車無法通往筲箕灣，只有 12 部電車行走銅鑼灣至上環街市。時任總經理 L.C.F. Bellamy 及其外籍員工被日軍拘留期間，只能透過有限度保釋的機會視察電車業務受損情況。1942 年 12 月日軍慶祝佔領香港一週年，電車改裝成花車巡遊，車身插着日軍旗幟以粉飾太平。部分街道例如德輔道亦改為「昭和通」，日方亦在佔領期間在電車上以影像拍攝以宣示主權。

　　1942 年 1 月電車局部恢復行駛，3 月 20 日全線恢復，電車重新行走筲箕灣至山王臺（堅尼地城）。當時全線共有 54 個車站，當中競馬場（跑馬地）支線有 7 個，配合日軍政府舉行賽馬活動。電車公司除了聘用華裔員工外，同時聘用日裔員工，並增設女性售票員，又推出學生廉價季票、公務員免費乘車證、回數券等優惠票以吸引乘客。

　　1942 年 7 月，日軍為便於運輸物資，徵用了電車用作荷物車，開辦了四條路線：堅尼地城至跑馬地、堅尼地城至筲箕灣（經跑馬地）、堅尼地城至筲箕灣、屈地街至銅鑼灣。電車局部恢復服務的頭兩個月，員工每人每日獲派米三斤來代替薪金。但在燃油電力嚴重短缺的情況下，電車服務於 1944 年 6 月 4 日全線暫停。

❖ 1942 年 12 月，日軍慶祝佔領香港一週年，
　電車被改裝成花車巡遊。

❖ 日佔期間，一部單層電車被用作運載糧餉的荷物車。
《香港日報》(日文版)

❖ 日軍帶着軍械在街上巡邏，
　背後的電車亦插上日軍旗幟。

TRAMWAY SERVI

The HONGKONG tramway, which we
certain points during hostilities,
27 January 1942, and a full service
resumed on 20 March 1942.
Up to December 1943, 6 routes
(1) SHAUKIWAN-KENNEDY TOWN (2) SHAU
SHAUKIWAN-HAPPY VALLEY-WHITTY STREE
MARKET (5) HAPPY VALLEY-KENNEDY TOV
STREET. Between 40 and 50 tram car
time, against 112 available at the
It was reported in early 1943 that
away. The number of passengers ave
In March 1944, the service was
2330 hrs, but the electricity short
of service, and in April 1944 it we
car was running every hour on each
a further drastic curtailment was e
routes being cut down to one (QUARE
The service for the general public
June 1944, and although for a time
still being operated in the mornin
convenience of dockyard workers and
even these were believed to have be
A report received in September
cars were being dismantled and ship
electric generators belonging to th
had also been removed.
The track was said to be in a
the overhead wiring was also report
and could not be replaced. No rece
as to whether the line is still int
actually remaining in HONGKONG, but
Japanese have stripped vehicles of
THE TRAMWAY Co. workshop in RU
for the manufacture of arms and amm

❖ 1943 年一份報告詳細記載日佔期間的電車
　狀況，當中提及有部分電車拆件運往日本，
　但沒有具體數目。

　　有關日佔時期的電車營運資料十分有限。根據一份文件顯示，截至 1943 年底有接近一半的電車行走，每日載客人次達到 10 萬；不過到了 1944 年受到電力短缺的影響，短短三個月內，每條路線只有一部電車行走，電車路線由原本的六條大幅縮減至一條，除了少數電車用作接載船塢工人和日籍學童外，全線幾乎服務中止。特別的是，文件記述有部分電車拆件運往日本，羅素街電車廠亦被用作生產軍火彈藥。不過確實餘下和被運走的電車數目，以及路線的損毀情況，皆不得而知。

　　1945 年日軍投降，戰亂導致 112 部電車中只有 35 部能夠運行，當中 15 部恢復服務。1945 年 10 月，經過修復的電車有 40 部，但電力中斷使電車只限日間行走。同時向英國訂購的電車底盤、車輪、車軸、摩打、氣壓煞車組件等陸續運到香港，1946 年 8 月，市面行走的電車回升至 63 部。及後，電車服務逐步恢復。

✤ 戰後不久，電車恢復服務。

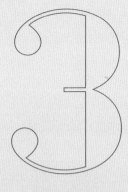

3

戰後
電車的發展

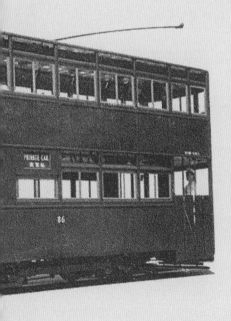

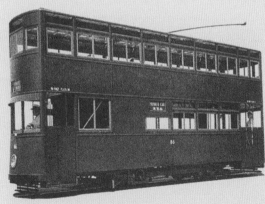

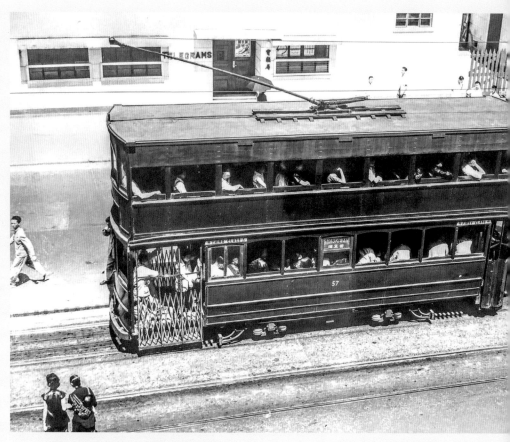

❖ 戰後恢復行走的戰前電車，頭尾均加裝車門。

❖ 電車於太古船塢工場內裝嵌車身後。用駁船吊起至就近的電車路，
　當時附近經過的輪船搭客很容易看到這個情景。

Geoff Douglass

3.1

戰後電車

1949 —— 1964

「戰後電車」源於英文 Post-war Trams，在二戰結束後建造而得名，以區分 1925 年的戰前電車（Pre-war Trams）。基於舊款電車的車廂內部比較狹窄，尤其是上落車門，當乘客上落之際，會因擠迫而容易發生意外。1948 年起電車在車頭加裝電掣車門，車尾則加裝拉閘，有司閘員（gatekeeper）管理車門開關，並將車尾改裝，防止乘客逃票和搭霸王車。

1949 年最後一部「戰前電車」119 號出廠後，電車公司新任總經理兼總工程師莊士敦 CS Johnston 設計一款更為流線型的電車。1950 年 3 月 31 日，電車公司於年度大會上公佈為期五年的改良計劃，當中包括全面更換電車車身和擴建羅素街車廠。如此龐大工程除了由電車公司本身工程部門負責外，車廂裝運分別和太古船塢（Taikoo Dockyard）及黃埔船塢（Kowloon Docks）合作，電車公司同時向英國訂購車底盤運送來港，部分車底盤由電車公司設計並委託太古船塢建造。當船塢完成組裝車廂後，便由拖船將電車車身運送至上環或西環海旁的電車軌，再移交電車公司工程部繼續完成裝配機件、髹漆等工序，便能行走市面。在兩所船塢的協助下，使電車能在十年間擴充車隊數目至 162 部。

1956 年電車公司引進瑞典車輪減低行車噪音，1957 年電車車頭擋風玻璃安裝水撥，1959 年車頭中間車窗改為半開式改善車長駕駛環境。戰後 1949 年電車年載客人數突破 1 億，1965 年高峰時期每日有 150 部至 157 部電車出車。

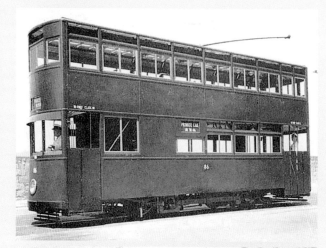

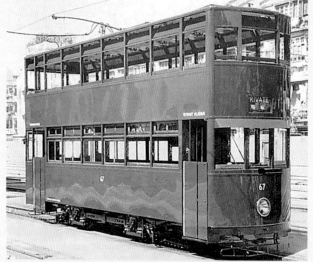

✣ 86 號及 67 號皆由太古船塢建造，其中 86 號
仍然維持戰前電車用的救生網。

John Prentice

✣ 上層頭等車廂的籐椅和下層三等車廂的
對坐長橙。

John Prentice

戰後電車的規格如下：

1. 左邊直樓梯連接上層（頭等車廂）

2. 下層兩邊對坐長櫈（三等車廂）

3. 上層座椅裝有扶手，椅背不能移動

4. 改用氣動閘門

5. 車頭安裝水撥

6. 上層車窗上方有活動式氣窗，令車廂通風

7. 只有左邊側面目的地顯示牌

戰後電車車身加長至 29 呎 2 吋（約 8.9 米），闊度維持 6 呎 6 吋（約 1.9 米）。往後電車尺寸格局大致沿用戰後電車，變化不大。有關電車尺寸對照可參閱後頁表二。和戰前電車一樣，頭等乘客依舊在車頭上車，三等乘客在車尾上車。車身淨重 12 噸，每部電車的載客人數增加至 63 人。車身髹上墨綠色（Brunswick green），窗框髹上啡色。

戰前電車何時退役？

1949 年 10 月 19 日第一部戰後電車 120 號面世，戰前電車 1 至 119 號逐步退役，並新增 121 至 162 號，最後一部取代戰前電車的戰後電車，是 1955 年 10 月 31 日營運的 118 號。因此推算戰前電車行走至 1955 年下半年正式退役。

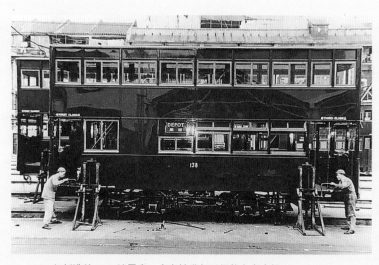

✧ 1956 年新造的 138 號電車，車身被升起以便放上車底盤。

John Prentice

New Tram In Service

Hong Kong Tramways Limited placed the first of its new trams in service yesterday—between Happy Valley and Kennedy Town. Seats in the new all-metal vehicle give passengers more comfort. There is better ventilation and a number of safety devices to prevent accidents.—("China Mail" photo).

✧ 120 號電車首日投入服務。

China Mail, 20 October 1949

表一：戰後電車數量統計表（1949-1964）

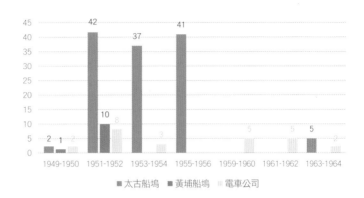

表二：單層電車和雙層電車的尺寸對照

車款	車身長度	車身闊度
單層電車	29 呎	6 呎 1 吋
開篷雙層電車	27 呎 6 吋	6 呎 1 吋
戰前電車	28 呎 6 吋	6 呎 6 吋
戰後電車	29 呎 2 吋（約 8.9 米）	6 呎 6 吋（約 1.9 米）

120 電車（1949–1991）

　　1949 年 10 月 19 日，第一部戰後電車 120 號正式投入服務，行走堅尼地城至跑馬地。120 號出廠初期，仍然保留「戰前電車」使用的救生網，左邊車身下層的路線牌置於較後位置。外觀方面，原裝 120 號在上述戰後電車擁有的特點以外，有下列四大特點：

1.　車身較普通車身略高 2¾ 吋（總高度為 15 呎）

2.　路線牌在中央位置

✤ 120 號，攝於 1979 年，車身有橫額顯示慶祝電車成立 75 週年。
T.V. Runnacles

✤ 120 號，攝於 1991 年。

3. 上層前後車窗較大並有安全圍欄

4. 下層車頭左邊第一隻車窗上方有氣窗（toplight）

　　120 號的前後大車窗初期沒有任何圍欄，若上層乘客站近頗為危險。為防止乘客跌出窗外，1979 年 120 號的上層前後車窗加裝了安全圍欄，及後換上扶手，特別之處是外置。其後參照 120 號建造的「戰後電車」（重建 1 至 119 號戰前電車及新增 121 至 162 號），路線牌改低，上層前後車窗細 4 吋，沒有扶手。車廂方面，120 號座位總數為 68 個，比「戰後電車」的 63 個為多。

　　1979 年 7 月 29 日，電車公司特意安排了 120 號用作私人派對專車，讓一眾公司同事在車上舉行派對慶祝成立 75 週年。車身掛有寫上「75 Years of Electric Tramways July 1904 – July 1979（75 週年電車紀念日）」的橫額。

仿古版 120 電車

　　1987 年電車進行車身重建，120 號和其他「戰後電車」一樣，車身結構已出現老化耗損，初時電車公司有意將 120 號原車保留，亦嘗試將救生網閘（life-guard gate）和救生網盤（life-guard tray）拆除換上泵把（bumper）。為了延續 120 號的歷史，1991 年 10 月，電車公司決定將原車 120 號退役，由 Leeway 建造新車身，以砌車的方式將同期退役的 86 號部分車件，如下層長櫈和散件廣告舊物再用，令 120 號重生。仿古版 120 號保留了舊 120 號上層前後大車窗的特點，路線牌改低和現役電車一樣。2001 年，仿古版 120 號基於安全緣故，將車尾的電阻箱移到車頂。

❖ 70 年代的 120 號。

❖ 80 年代的 120 號。

✤ 仿古 120 號，攝於 1994 年。
T.V. Runnacles

✤ 仿古 120 號，攝於 1992 年。
Tim Moore

✤ 仿古 120 號電車水牌。

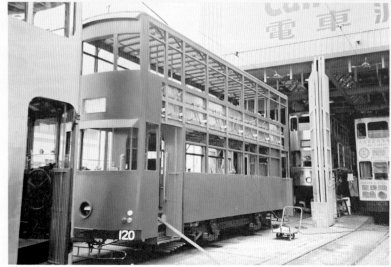

✤ 1991 年退役拆車的原裝
　120 號，和新建的 120
　號同時進行。
　Lai Ka Fai

仿古 120 號車廂保留昔日電車風貌。
Anna Tse

✤ 霎東街電車廠外，13 號正在將一部拖卡慢慢倒車褪入車廠，
駕駛拖卡電車和一般電車不同，需要特別培訓才能操作。

✤ 1966 年霎東街電車廠內，4 部由英國運來的
拖卡正在裝嵌，右邊是太古船塢製造的車底
盤用作拖卡車身之用。

Douglas Beath

✤ 1966 年投入服務的 4 號拖卡，車頂加裝垂直廣告版，
由 96 號慢慢拖行至希爾頓酒店附近。

單層拖卡的出現

1964 ―― 1982

　　雖然戰後時期電車載客人數不斷上升，然而 60 年代開始，公共車輛增加，不少市民轉搭較舒適的巴士，導致電車載客量有下降跡象。因此電車公司研究引入拖卡來增加載客量。

1 號拖卡（1964-1979）

　　1964 年 8 月 6 日，第一部樣辦拖卡 1 號以試驗形式投入服務。車身由太古船塢建造，外型猶如半架雙層電車，內籠是 2+1 排列和對坐混合的籐椅（rattan seats），共 27 個，前後車門由售票員按動電手掣來操作，並設有電鈴通知車長停車上落客。初期售票員需向乘坐拖卡的乘客解釋需要購買頭等車票，尾門側有「車費二角」標貼，車頭外有牌示「Please Use Rear Gate 請由車尾門上落」，並將前門封上防止乘客逃票。

量產型拖卡（1965-1982）

　　由於拖卡試驗情況理想，電車公司 1964 年 10 月向英國 Metal Sections Ltd. 多訂造 10 部（2 至 11 號），1965 年聖誕節正式投入服務。1966 年再多訂造 10 部（12 至 21 號）。新型拖卡呈銀灰色，高度約為普通電車的五分之三，車頂呈圓拱形和採用玻璃纖維座椅，車頂有通風天窗和扶

✤ 從後車望入前方的 1 號拖卡，可以見到車廂內的籐椅。
Brian Johnson

✤ 1 號拖卡途經跑馬地。

✤ 1967 年停在霎東街電車廠的三組拖卡電車。
初期前方掛有「後有拖車」的鐵牌。

✤ 1981 年 98 號駛經跑馬地黃泥涌道。
車頭右上角黃黑斜紋取代「後有拖卡」
的鐵牌。

Richard Cripps

手，只有一個以氣動操作的車門供乘客上落。靠近車門的一端是單座位，另一端是雙座位，可載客 36 人。這款拖卡除了車身用作廣告宣傳外，車頂亦加裝垂直廣告豎板。

22 號拖卡（1967–1978）

針對噪音問題，電車公司於 1967 年自行建造 22 號拖卡，亦是最後一部，車身較短只有 26 呎，共有 20 張籐椅（12 張雙人，8 張單人），所用物料亦較輕，外型像玻璃屋，車窗較大，車門以人手操作，但是噪音問題仍然未能解決。22 號拖卡最先於 1978 年拆毀。

拖卡的操作

拖卡全數單層設計，本身無動力，需要電車拖行。初時由 25 部指定的載客雙層電車拖行（2、5、11、13、23、29、30、32、62、65、66、68、71、77、79、96、98、111、116、125、142、147、148、160 和 161 號），拖行拖卡的電車，車尾下方的救生網閘會加裝連接裝置，車頭右上角會以黃黑斜紋來識別，前方亦會掛有「後有拖車」的鐵牌。當不需拖行時，便回復一般的載客電車。

拖卡退役

拖卡的原意為增加載客量，但當經過一些轉彎位，例

✤ 滿載乘客的拖卡電車。

✤ 1977 年最後一部拖卡 22 號。

✤ 1978 年 22 號成為第一部退役的拖卡。
T.V. Runnacles

✤ 1981 年 19 號拖卡車頂廣告牌。

如出廠時，產生的噪音成了問題，遇上交通擠塞時車龍亦間接拖慢了拖卡的速度。據電車世家祥哥憶述，拖卡初期曾經試驗行走至筲箕灣，不過載客時無法通過鰂魚涌華蘭路的斜路，其斜度比太古船塢一段更大，拖卡到鰂魚涌便要全部落客，空車從筲箕灣折返，因此拖卡服務只及堅尼地城至北角。拖卡雖是頭等收費，但行車聲嘈吵，而且一架拖一架反而減慢行車時間，亦試過在彎位出軌，最終拖卡於 1982 年 5 月全數退役。拖卡款式和數量分佈可參閱下列表三。

表三：拖卡數目分佈

號碼	製造商	投入服務年份	座椅款式
1	太古船塢	1964	籐椅
2-21	英國 Metal Sections Ltd.	1965-1967	玻璃纖維
22	電車公司	1967	籐椅

車身試驗色

電車自 1925 年起車身採用深綠色，戰後電車的墨綠色一說是以經濟原則採用戰時用剩的顏料（綠色是其中之一），不過也有可能是沿用戰前電車的深綠色作為電車主色。從有限的昔日圖片比對，戰後電車的墨綠色（Brunswick green）與同樣髹成綠色的大牌檔、街燈柱、欄杆等，是比較深色。

1969 年，部分電車試驗其他顏色。4 號初期在下層車窗對下塗上黃色間條色，其後將黃色範圍加大至整個下層車身，形成上層綠色下層黃色的兩節色，70 年代電車進

✤ 戰後電車綠。　　　　　　　　　　　　　　　　✤ 戰前電車綠。

✤ 64號上層綠色下層黃色的兩節色。

✤ 女售票員。

一步試驗整個車身換上綠色外的塗色，49 號為全黃色，14 號為全藍色，154 號為全紅色等，該等塗色比深綠色較亮眼，其他車輛亦易於留意。80 年代電車試驗不同層次的綠色，戰後電車 163 號出廠初期就塗上草色的電車綠（Tramways green），其後 23 號亦塗上較鮮色的電車綠，47 號、73 號、85 號及首部翻新電車 143 號則換上英國賽車綠（British Racing Green）。

3.3 女售票員 —— 電車生力軍

1971

　　1971 年，電車公司參考台灣公共交通的模式，招聘女性售票員。應徵條件只需要懂得簡單書寫，不論已婚或未婚均合資格。因此吸引了不少適齡女士前來報名應徵。

　　女售票員首先會接受兩日公司及交通條例課程，然後跟車實習一星期後，便成為正式售票員。初時被安排在拖卡上工作，後來擴展至樓上車廂，而且上班時間採用分段制，每天八小時，對於需要兼顧家務的她們來說十分方便。例如早上 6 時開工，上午 10 時休息，下午 2 時再上班，下午 6 時下班。女售票員和男性同工同酬，都享有超時工作收入，家屬免費乘電車及醫療福利。表現良好更有晉升機會，可升任車長、稽查、站長等。

　　從事公共交通服務需要應對不同階層的市民，可以說是吃力不討好的工作，相對於男性，女性的溫婉性格或者可以減少員工與乘客之間的不愉快情況，市民對她們的印象整體都不錯，公司接獲的投訴幾乎是零。女售票員除了解決勞工不足的問題外，在當時來說，電車公司可算是豎立了一種優良的社會風氣。

❖ 70 年代電車除深綠色為主外，亦試驗其他顏色。

✤ 1972 年 160 號改動成一人售票電車，車身標有藍色的
　入錢標誌和指示乘客從車尾上車的標貼。

✤ 1974 年 4 號車尾的紅白斜紋，
　表示乘客改由車尾上車。對面
　是附有拖卡的 5 號。

3.4

上落及收費模式的轉變
1972 —— 1977

　　50 至 60 年代，大量內地難民湧入香港，導致人口急遽增加，電車的載客量亦相對增長，1963 年電車曾錄得每日超過 523,000 名客量。但隨着雙層巴士數目的增加及小巴的競爭等因素，電車載客高峰期逐漸回落。由於部分巴士路線會和電車路重疊，相對速度較慢的電車，快捷的巴士自然成為不少乘客的選擇，令電車客流量減少。而在沒有電車專屬專線的情況下，電車路往往被其他車輛佔用而導致交通擠塞，除了使電車意外頻生，間接亦拖慢了電車的行駛速度。

一人售票（OCO）

　　1972 年 7 月 1 日，電車取消沿用多時的等級制，不論樓上樓下一律收費二毫，並進行第一階段的改動：

- 由兩個售票員（上層和下層各一個）改為只有一個售票員在下層車尾售票
- 乘客一律上車購票，投幣入錢箱（PAYE）
- 右邊車身貼上「恕不找贖 EXACT FARE」的箭嘴標示，並參照中巴使用藍色的入錢標記（coin-in symbol）
- 車身前後有紅白斜紋，車頭掛上「由車尾上車 ENTER AT REAR」的指示牌，車頭樓梯貼上「落 EXIT」的字眼
- 車頭連接上下兩層的直樓梯改為右邊，車尾增加一條旋轉樓梯

✤ 1974 年 15 號是一人售票電車。下層車尾見到售票員的售票枱。

Lars F Richter

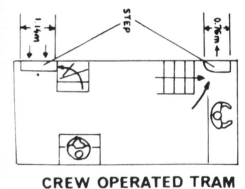

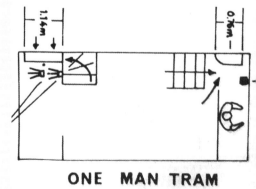

✤ 一人售票的車廂。　　　　　　　　　　✤ 一人電車的車廂。

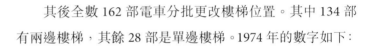

其後全數 162 部電車分批更改樓梯位置。其中 134 部有兩邊樓梯，其餘 28 部是單邊樓梯。1974 年的數字如下：

樓梯分佈	電車數目
直樓梯 + 車尾旋轉樓梯	116
前後旋轉樓梯	18
直樓梯	15
車頭旋轉樓梯	13
總數	162

過往等級制的電車，上層和下層乘客是各自上落，下層車頭通往上層的梯門將駕駛室隔開，下層乘客不能越過，後上前落的改動令上層減省一個售票員，但對於搭樓上的乘客來說頗為不便，因不能再直接經司機位旁往樓上，需要由車尾繞到車頭經梯門才能往上層，而且落車處較狹隘，亦會阻礙落車的乘客。因此 91 號車率先加裝車尾樓梯來改善這個問題。多了一條樓梯後令全車座位數目由 63 個減至 50 個（上層 27 個，下層 23 個），而且樓梯曾跨過下層長橙，因而形成了樓梯底下一個暗格位。

70 年代港府實施燈火管制，呼籲市民節省電力，應對石油危機，電車順勢在泵把上髹上了一些中英對照環保標語，例如「乘電車　節油省力」"Pollution Solution Travel by Tram"，鼓勵市民多搭電車。

✤ 1978年中環德輔道中近皇后
　像廣場，16號貼有「不設找贖
　EXACT FARE」的提示，下層車
　尾加裝樓梯後，原有車窗被封，
　側面路線牌仍然維持在車頭。

✤ 118號原有車頭樓梯補回車窗
　後，側面路線牌沒有後移。

✤ 56號巴士款式的車頭旋轉樓
　梯，車窗亦沒有密封，是唯一
　的特別版。

Tim Moore

一人電車（OMO）

1976 年 5 月 10 日，電車實施「一人控制」，為第二階段的改動：

- 收費錢箱由車尾移到車頭駕駛室旁邊，乘客下車時將車費放入錢箱（PAYL）
- 入錢標誌參照巴士改為紅色，顯示在車頭右上角 / 尾門旁邊，易於留意
- 車尾裝有旋轉閘（turnstiles）
- 右邊車身近尾門標有中英對照的車費表和「此車不設售票員　NO CONDUCTOR」

第一部「一人電車」148 號行走筲箕灣至跑馬地，總共 8 部電車試行。

其實巴士早於 70 年代初期便已安裝收費錢箱和實行一人操作，電車亦仿效巴士這種模式，並向中巴借調收費錢箱安裝在電車和拖卡上。據當時媒體報道，由於欠缺宣傳，初期造成乘客的疑惑。電車公司派出歐籍高級職員在車上觀察乘客的上落情況，稽查亦不時向乘客解釋落車才付款的新規定。部分電車車頭的車尾上車標記亦由紅白斜紋改成單色。

改為一人控制的電車比舊有售票模式能加快乘客上落車的速度，甚至比一人操作的巴士略快，電車公司於是在 1977 年 10 月 31 日，將所有電車正式轉為「一人電車」。

轉為「一人電車」後，原有的售票員剩下二百多位，有些被訓練成車長，部分轉為看管同樣裝在拖卡上的錢箱。此舉可減低電車公司營運成本，每年更可省下印製 1 億 5 千萬張車票。

✤ 60 年代等級制電車。

✤ 70 年代一人電車。

✤ 80 年代一人電車
（現時模式）。

同一時間，電車車廂亦作出改動。車頭直樓梯拆除後的空間補上座椅，原本靠近車頭倒頭的橫排座椅改為對坐，而下層車尾加裝樓梯後，原有車窗被封，車窗數目減至三格半，令車廂變得光線不足，因此在更改樓梯位置後，將側面路線牌逐步改往車尾，並增加車窗數目改善下層車廂光度。不過仍有部分電車的側面路線牌維持在原有位置，或車窗數目變動後呈現在不同位置。例如6號、130號、163號的側面路線牌位於車尾樓梯前一格車窗上方，3號、118號原有車頭樓梯補回車窗後，側面路線牌沒有後移。而56號是唯一一部車頭採用巴士款式旋轉樓梯的特別版。

80年代初電車進行第三階段亦是最後的改動。上層前後車窗的通風氣窗密封，下層兩側各有五格車窗，側面路線牌移後到車尾並降低，方便上車乘客留意目的地。現時仿古版120號便是這種模式。電車由等級制到一人操作的演變可參見表四。

表四：等級制電車和一人電車的比較

	50至60年代 （等級制電車）	70至80年代 （一人電車）
車身顏色	墨綠色	電車綠
上落	頭等乘客（車頭） 三等乘客（車尾）	車尾上車， 車頭落車
樓梯	一條	兩條
側面路線牌	近前門	近尾門
付費方式	車票	投幣

電車未取消等級前，主要方便頭等乘客，因此側面路線牌較近前門。等級制取消後，通往上層的樓梯由一條增加至兩條，乘客一律改由車尾上車，因此側面路線牌逐步

✤ 電車「後上前落」的特點。

✤ 80 年代電車面臨存廢的命運。
　《工商晚報》，1983 年 12 月 24 日。

值，電車仍然有存在的價

施恪指出，電車收費
較廉，載客量多，尤其
是方便短途乘客。

另方面，施恪又稱，
地鐵港島支線通車後，
有可能不准中巴使用東
區走廊，但有關問題要
待運輸署與中巴研究後
才決定。

施恪說，東區走廊僅
有幾個出口，乘客中途
下車不方便，而且快速
巴士收費必定提高，同
時對地鐵造成不必要的
競爭。

改為近尾門。如果遇上第一次搭電車的朋友，記得提醒對方電車是「後上前落，落車畀錢」這獨一無二的香港特色呢！

電車現淘汰危機

自從電車換成「一人電車」後，電車載客量逐年得到提升，同時電車公司研究新款的輕便車卡。1974 年電車公司曾經考慮從日本札幌購入二手電車。1977 年 3 月電車公司向政府提交興建現代化電車計劃，和德國 Duwag 合作研發一款現代化雙層冷氣電車。不過車身外形太窄不適合行走，有關建議亦被政府否決。

1981 年電車公司加價，成人票價由三毫加至五毫，這個加幅反而令更多乘客轉乘巴士，電車每日載客量由 1981 年 7 月的四十五萬九千人減少至 1983 年 6 月的三十八萬二千人。此外 1985 年地下鐵路港島線通車後，其標榜「話咁快就到」的優勢，吸引不少市民使用，令電車乘客量進一步下跌。以上因素令電車面臨被淘汰的危機。

附註：
PAYE: Pay As You Enter
PAYL: Pay As You Leave
OCO: One Crew Operation
OMO: One-Man Operation

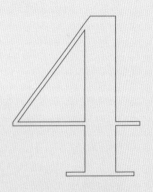

4

電車新里程

✤ **143** 號是第一部完成翻新的電
車，上層是玻璃纖維座椅，下
層車尾樓梯改為右邊。
　　　　　　T.V. Runnacles

4.1 新設計電車

　　1986 年是電車發展重要的一年。根據九倉 1985/86 年報顯示，地下鐵路港島線通車後，電車在備受淘汰的陰影下，載客人數僅下降百分之七，說明了電車仍是大部分市民使用的交通工具，地鐵對電車之影響並未如預期般嚴重。同時為慶祝九龍倉成立 100 週年，電車公司進行翻新車隊及更換路軌之工程，並委派顧問研究電車現代化，加強電車服務和改善形象。而來自出租電車、遊客活動和車身廣告收益的重大增幅，促使電車公司致力發展旅遊電車。

翻新電車

　　1986 年中期電車公司計劃斥資數百萬元翻新行走了超過 30 年的戰後電車，目標是三年後完成。這批新型電車編號分別為 6、36、39、41、46、80、88、89、121、127、139、141、143、144、159 共 15 部。此前 115 號已率先試驗將車窗改為圓邊，但不久便改回原來面貌。其後 143 號成為首部完成翻新的電車，1986 年 2 月 4 日舉行啟行儀式。主要的改動包括：

- 將方形車窗改為圓邊大車窗
- 將木製籐椅改為玻璃纖維座椅
- 車廂照明由燈泡改為光管，加配柔光外罩
- 車尾樓梯從左邊改為右邊，並加闊和減低彎度
- 原本放置在下層車尾的電阻箱移到車頂的前端
- 車輪加上防震膠，減輕行車噪音

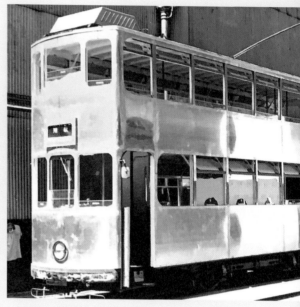

✤ 1986 年兩部完成翻新的電車，車身裝上全新鋁板，
車底盤亦重新髹油。

George Law

✤ 1985 年霎東街電車廠內翻新中的電車，車頭
下層換上新鋁板，並翻新原有的柚木框架。

John Laker

✤ 新柚木電車上層車箱的膠椅和光管照明。

Tim Moore

　　除上述改動外，翻新電車的座位編排基本上和舊戰後電車一樣，而舊車沿用頭尾兩端下方的救生網閘（Life-guard gate）和車底的救生網盤（Life-guard tray）亦保留。

　　為配合翻新電車新里程，電車公司於 1986 年 5 月中進行乘客意見調查，印製問卷放置在完成翻新的電車內讓乘客取閱。據時任總經理嘉利 John Carey 表示，乘客對新型電車頗能接受，因車廂的顏色較傳統柔和，車廂照明比傳統更明亮，耗電量有所下降。

重建車身

　　電車公司後來發覺以翻新電車的工序和進度，預計要花超過十年時間才能完成，於是決定重新建造車身。1987 年開始把全數 160 部戰後電車淘汰拆掉，向本地製造商訂製車底架和車身。車底架（underframe）由栢利來工程有限公司（W.J. Brown Engineering Ltd.）供應，而車身由 Full Arts Metal Works Ltd.（109 部）和 Leeway Engineering and Trading Co. Ltd（51 部）供應。這便是現役在街上行走的柚木電車。

　　1987 年 6 月 13 日，第一部新建柚木電車 12 號投入服務，填補了戰後電車 12 號運往世界博覽會參展的空缺。全新建造的柚木電車，外形和翻新電車大致相似，只是上層改用快餐店式座椅；頭尾兩端下方的救生網閘和車底的救生網盤亦拆除，換成泵把，兩側加上裙板以減低車底發出的噪音。1991 年大部分電車已換上新車身後，早期的 15 部翻新電車及原裝 120 號亦拆毀，換成全新的車身。具體數字可參閱頁 115 的表一。

❖ 139 號是 1986 年首批翻新電車，換上九倉百週年紀念廣告。

❖ 1987 年 6 號完成翻新，電車公司管理層陪同官員上車參觀。

T.V. Runnacles

✤ 1988 年建造中的柚木電車，
工作人員寫上「18」來識別車
號。旁邊的 98 號已成型，上
層是控制車窗升降的伸縮臂。
Ian Johnson

✤ 1988 年拆車的 70 號，柚木
車身拆剩支架。
T.V. Runnacles

✤ 1989 年在廠內等候裝上車身
的車底架。車底的泵把連着工
字鐵，前後垂直的隔板是電車
的主幹部分。
Paul Haywood

✤ 近距離看 35 號柚木電車框架，外型有如遊樂場馬騮架。
　 1990 年建造的 149 號，是第 100 部完成的新款電車。
　　　　　　　　　　　　　　Ian Johnson

✤ 1989 年一部新造的柚木電車，車身覆蓋以作髹油前的準備功夫。
　　　　　　　　　　　　　　T.V. Runnacles

12 號是 1987 年第一部全新建造的柚木電車。

✢ 1989 年戰後電車拆車中，152 號和 163 號拆剩車架。

Paul Haywood

✥ 1989 年屈地街電車廠內，退役的
110 號拆剩空空的地台。
T.V. Runnacles

✥ 1991 年舊車陸續拆車，拆除的樓梯
傍板上是 1990 年的車費表。
Steve Guess

✤ 1991 年屈地街電車廠內，一部新柚木電車大致完成。
Steve Guess

✤ 1990 年戰後電車 26 號和新柚木電車 161 號相遇。
John Prentice

✤ 新柚木電車 48 號。
　 Tim Moore

✤ 88 號類似汽車的方向指示燈。

✤ 30 號密封式車門。
　 Tim Moore

✤ 20 號車底裙板減低噪音。

　　翻新電車和新柚木電車外表相近，其中不同的是，新柚木電車上層前後車窗離車頂較闊。翻新電車的設計較大機會是源自 113 號改裝後的外貌。具體車廂比較可參閱下列表二。

　　新建的柚木電車中，有些作出些微改動。88 號車頭和兩側安裝類似汽車的方向指示燈（trafficator），30 號則由傳統的半截式車門改為密封式車門，以試驗通過屈地街車廠內的自動洗車機時能否防水。17、20、66 號三部電車試驗裙板以減低車底發出的噪音。

表一：1986 年至 1992 年間電車數目的變化

	1986	1987	1988	1989	1990	1991	1992
戰後電車	153	133	113	94	66	27	
翻新電車	9	15	15	15	15	15	
柚木電車		13	33	52	80	119	160
旅遊電車	1	2	2	2	2	2	2
120 號							1
總數	163	163	163	163	163	163	163

表二：戰後電車、翻新電車及柚木電車的比較

	戰後電車	翻新電車	柚木電車
車身結構	木製	以原有車身改裝	全新建造
座位質料	藤網和木	纖維	塑膠
車廂照明	煤油燈泡	光管	
車窗	方形	加上圓邊	
電阻箱	下層車尾	移到車頂	

✤ 1979 年訪港外籍旅客坐在電車上層，
體驗道地的電車河。

T.V. Runnacles

✤ 1981 年所見 61 號上下層為透明氣窗，
擬改做旅遊電車。

T.V. Runnacles

✤ 1954 年至 1955 年出廠的 28 號和 128 號，未改裝旅遊電車前是一般載客電車。

4.2 旅遊電車

　　電車早於 70 年代已有提供私人租用的服務。當時本港旅遊業發展蓬勃，一些旅行社會安排來港遊客乘坐租賃電車，由導遊沿途介紹香港特色，車上向旅客提供簡單飲食，很受旅客歡迎。電車公司於是計劃組裝新式旅遊電車，初期擬將 61 號改成旅遊電車。由於當時電車條例未有涵蓋旅遊電車，因此電車公司 1987 年 2 月加入第 55A 條「旅遊電車營運條款」。

28 號

　　現役的 28 號和 128 號旅遊車在未改裝前，其實是普通載客電車。1985 年 10 月，119 號舊車身改裝成 28 號旅遊車，編號 28 取其「易發」之意，車身顏色為深綠、白色加黃色框邊（green & white with yellow lining），上層呈開篷設計，配以銅閘作為裝飾，外型典雅，車廂內裝有特別設計的座位及膳食供應設備，供私人及團體租賃用途。

　　1986 年 2 月 4 日，電車公司邀請了九龍倉主席包玉剛（Sir Yue-kong Pao）及運輸司麥法誠（Hon Ian Macpherson）主持啟用儀式。適逢農曆新年虎年及慶祝九龍倉成立 100 週年，旅遊電車上特別安排一位頭戴老虎面具，戴銀色手套，穿着印有九龍倉 100 週年紀念標誌斗篷的「電車先生」，於 2 月 9 日至 2 月 18 日新春期間在不同路線向市民派發利是，送出包括一元利是、購物優惠券、酒店免費飲食券和電車月票等豐富獎品。7 月 30 日，電車公司向全港市民提供免費乘車日，慶祝電車服務 82 週年。

✛ 1985 年 10 月 24 日，半完成的 28 號旅遊電車完成跑馬地試車後回廠。
T.V. Runnacles

✤ **1986 年建造中的深綠色古典電車 28 號。**
George Law

✤ **28 號化身成禮物造型開篷電車。**
George Law

✤ 第一部旅遊電車面世。
《華僑日報》，1986 年 2 月 5 日

✤ 1986 年 2 月 12 日大年初四,「電車先生」陪同一班小朋友乘坐
　古典電車 28 號向市民拜年。吸引候車的市民好奇張望。

✤ 28 號旅遊電車晚間化身生日派對電車,銅閘裝飾
　配上車箱柔和燈光,走在鬧市更顯瑰麗。

Steve Guess

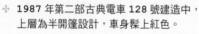

✤ 1987 年第二部古典電車 128 號建造中，
　上層為半開篷設計，車身髹上紅色。
　　　　　　　　　　　　George Law

✤ 1987 年 4 月 29 日第二部旅遊電車 128 號面
　世，取名維多利亞號 Victoria。電車公司主席
　吳光正陪同時任立法局議員譚惠珠一同乘搭。
　　　　　　　　　　　　T.V. Runnacles

128 號

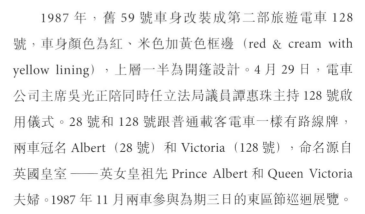

　　1987 年，舊 59 號車身改裝成第二部旅遊電車 128 號，車身顏色為紅、米色加黃色框邊（red & cream with yellow lining），上層一半為開篷設計。4 月 29 日，電車公司主席吳光正陪同時任立法局議員譚惠珠主持 128 號啟用儀式。28 號和 128 號跟普通載客電車一樣有路線牌，兩車冠名 Albert（28 號）和 Victoria（128 號），命名源自英國皇室——英女皇祖先 Prince Albert 和 Queen Victoria 夫婦。1987 年 11 月兩車參與為期三日的東區節巡迴展覽。

　　1988 年 28 號推出紀念車票，上面印上「電車旅遊倍新意　慶祝派對最適宜」宣傳派對電車，市民只需購票便可乘搭，收費初期 5 元，後來調整至 2 元。可惜由於長期出車使車身提早出現損耗，因此同年夏季取消載客，兩部旅遊電車改為只限出租用途。128 號可代辦食品讓車上乘客享用。

　　1991 年 28 號和 128 號車身進行翻新，加裝裝飾小燈，路線牌亦移除。1993 年 4 月 29 日比利時交通組織更包下連同 28 及 128 號共 14 部電車晚間遊電車河。

　　旅遊電車亦成為企業宣傳的最佳選擇。2008 年 128 號配合國泰航空國際七人欖球賽的宣傳，車身用作欖球數目競猜遊戲；2009 年為日清合味道杯麵宣傳，車頭放置大大的杯麵。此外 28 和 128 號曾多次推廣長者婚禮的宣傳，2016 年化身酒吧電車接載訪港旅客，2022 年 4 月 30 日 128 號亦參與人氣偶像姜濤生日的巡遊。電車派對受遊客和市民歡迎程度，可見一斑。

✤ 1988 年古典電車 28 號路經金鐘道前往銅鑼灣，車頭標
　示只需 2 元便可乘搭。車尾可見到 "Albert" 的名稱。
　　　　　　　　　　　　　　　　　　T.V. Runnacles

✤ 1993 年 4 月比利時交通組織 Union Internationale des
　Transports Publiques 訪港，特地租用包括 28 和 128 號
　共 14 部電車。兩車更特別從電車廠東面緊急出口開出。
　　　　　　　　　　　　　　　　　　T.V. Runnacles

✤ 旅遊電車受歡迎，導遊沿途介紹香港特色，車上提供簡單飲食，讓旅客體驗遊電車河的樂趣。

Tim Moore

✤ 1999 年 111 號披上宣傳電車派對的車身廣告。

Tim Moore

❖ 旅遊電車曾被租用作舉辦婚禮及商品宣傳。

❖ 2016 年國際七人欖球賽，流動酒吧電車招待訪港旅客。

✤ 1985 年 11 月 19 日，12 號
　換上特色廣告和髹上草色的電
　車綠，代表香港參與 1986 年
　5 月舉行的世界博覽會。
　　　　　　T.V. Runnacles

4.3

揚威海外的電車

1985 —— 1992

12 號

　　戰後電車 12 號於 1952 年 8 月 23 日出廠，行走到 1985 年 9 月 28 日不再載客，因被挑選遠赴加拿大溫哥華參與 1986 年 5 月舉行的世界博覽會。1985 年 11 月，12 號車身髹上草色的電車綠，裝上舊工程電車 200 號的車底盤（1984 年 2 月拆車），並加上代表香港特色的廣告迎接此世界盛事。11 月 20 日深夜，所有電車都已回廠後，約零時二十分，35 號拖着 12 號從霎東街車廠出發，經堅尼地城總站到達近山市街的海旁，由於現場街燈昏暗，需要借助大型射燈，在兩部天線工程車及工作人員的協助下，重 12 噸的 12 號車身便由躉船吊臂吊起，卸下固定在躉船上，然後徐徐運走。

　　1990 年，12 號完成世博展覽後數年，一位波特蘭買家 William S. Naito 買下來，他本來有意在波特蘭城華人區建立一條古老電車線，後來計劃告吹，12 號車身停放在 Montgomery Park 一段時間，最後捐贈存放於美國奧納崗州鐵路博物館（Oregon Electric Railway Museum）。經年累月，車身內外雖然已出現殘缺，兩邊的車門已被拆走，但是隱約可以見到原有的廣告痕跡，而車廂內的收費錢箱、舊式控制器、路線牌布、樓梯旁邊的車費標貼等仍然保存完好。

✤ 1985 年 11 月 20 日深夜，35 號在雲東街電車廠拖走
　沒有摩打的 12 號，前往堅尼地城海旁。

　　　　　　　　　　　　　　　　T.V. Runnacles

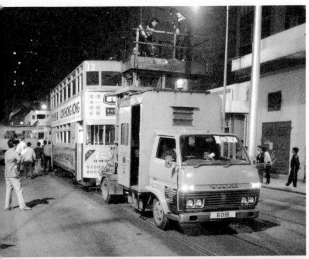

✥ 深夜時分 12 號在堅尼地城海旁運走的情形。
T.V. Runnacles

✤ **12** 號車身停放美國奧納崗州鐵路博物館多年，館方曾經嘗試
修復部分車身，雖然外表殘舊，但車廂大致仍保持完好。

❖ 12 號車頭印有具香港特色的維他奶廣告。

✤ 1992 年 7 月屈地街電車廠建造中的
Birkenhead 電車。

T.V. Runnacles

✤ 屈地街車廠內，工程人員準備將 70 號由另一部電車拖出廠
外。另一部 69 號已移到站長報到室（俗稱 888）的迴圈。

George La

英國版 69 號、70 號

　　英國西部城市 Birkenhead 位於利物浦（Liverpool）對岸，以 Mersey 河流分隔，擁有悠長的電車歷史。1860 年美國人 George Francis Train 在 Birkenhead 開辦第一條有軌馬車（horse tramway），1901 年 2 月 4 日至 1937 年 7 月 17 日 Birkenhead Corporation 在此營運有軌電車。

　　1992 年 3 月，Wirral District Council 兩位技術顧問 Merz 和 McLellan 和電車公司訂造兩部戰後電車，車身按照現時的仿古 120 號電車規格在香港建造，車底盤採用標準軌矩（1,435mm）。兩部電車車身髹上富英國特色的廣告（69 號：Manweb，70 號：Littlewoods），路線牌顯示 "Hong Kong Wirral"，別具意義。

　　1992 年 8 月 19 日深夜，兩部 Birkenhead 電車分別由 52 號及 109 號徐徐拖到堅尼地城海旁。同行兩部黃色的天線車拆除東行線電纜後，工作人員仔細檢查電車的車底，由於兩部電車使用標準軌距的車底盤，車輪需要溜過一組金屬滑條，固定後才吊到躉船上再運上 P&O Ferries "Peninsula Bay"，過程順利。1992 年 9 月 9 日運抵 Blackpool。

　　兩部電車選用了 69、70 號，來延續 Birkenhead 舊電車 68 號的歷史（1937 年退役）。1993 年至 1994 年間，69 和 70 號安排在利物浦路面試行。1995 年 Merseyside Tramway Preservation Society 建立新 Birkenhead 電車系統，開辦一條來往 Pacific Road Museum 和 Mersey 河畔的 Woodside 碼頭的懷舊電車路線，在假日行走。

✤ 兩部 **Birkenhead** 電車接近完成，
車身髹上英式廣告。

✤ 工程部員工興奮地在 **69** 號電車上大合照。

✤ 1992 年 8 月深夜，兩部 **Birkenhead** 電車運往堅尼地城海旁的情形。

George Law

✤ 兩部香港電車於英國利物浦着地後，由卡車緩緩運上路面。工作人員仔細檢查並
　準備將電車移上路軌。之後由卡車運送往博物館外存放。

Wirral Transport Museum

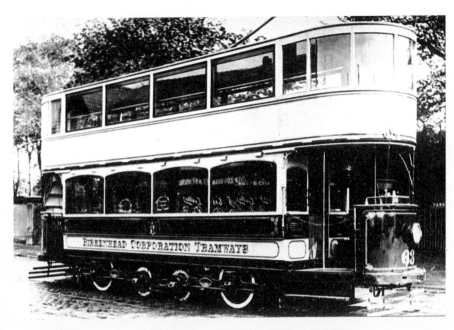

✤ 1913 年共有 6 部 **Birkenhead** 電車，63 號（和 68 號同款）是其中一部。

John Prentice

✤ **69** 號電車在利物浦試行期間停放在黑池（**Blackpool**）的 **Rugby Road Depot**。

Lars F Richter

THIS TRAM WAS CONST
SUPERVISION AND ASS
FOLLOWING HONG KON

Mr. Ian Hin
Mr. Andrew

Mr. Iu Kok Meng
Mr. Chan Sum Chin
Mr. Lee Yiu Bor
Mr. Hon Kam Wah
Mr. Yeung Wai Hung
Mr. Tsang Yun Cheung
Mr. Chan Chung Kwong

✤ 69 及 70 號的車廂，是熟悉的香港電車佈置。
Dave Carson

UNDER THE
OF THE
AYS STAFF:-

Chee Sang
Wai Hung
Kam Cheung
ak Kwong
i Chau
Kam Po
hea Wing

69 號以 George Francis Train 命名，紀念其於 1860 年透過環遊世界，將有軌電車由美國傳入 Birkenhead 的歷史事件，世界名著 *Around the World in 80 Days*《80 日環遊世界》根據此行寫成，主角 Philleas Fogg 的名字亦塗上車身。70 號以出生在 Birkenhead 的鐵路工程師 Thomas Brassey 命名，紀念其對 19 世紀世界鐵路工程的貢獻。

兩部電車的塗色有別於香港電車採用的墨綠色，是仿照舊時 Birkenhead 電車和巴士。69 號海藍色仿照 1946 年 Birkenhead 巴士，70 號棗紅和米間色（maroon and cream）則仿照 1901 年 Birkenhead 電車的塗色。

兩部香港電車上層車廂的籐椅，部分座椅換成倒坐方向，下層車廂的對坐木條長櫈配舒適的沙發椅墊。加上舊式控制器和電阻箱，是熟悉的香港電車佈置。電車公司工程部員工的名字長留在港版電車上。連同其他款式的進口電車，現時由 Wirral Transport Museum 營運，廣受遊客歡迎。

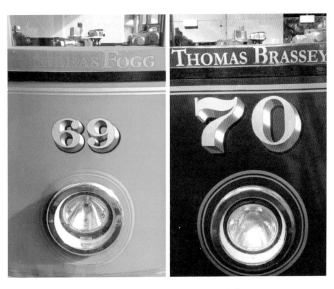

✦ 69 號藍色車身顏色仿照戰後 **Birkenhead** 巴士。
70 號則仿照昔日 **Birkenhead** 電車的塗色。

Dave Carson

✣ 葡萄牙單層電車、古老開篷 20 號電車和越洋的香港雙層電車越洋相遇。

✤ 1997 年攝，由香港運來的 69 號電車停放在 **Pacific Road Museum**。

T.V. Runnacles

✤ 2017 年農曆新年，兩部香港電車
特地換上賀年版本與眾同樂。

✤ 1996 年 5 月 18 日一眾電車學會成員和 69 號電車合照（中間手提袋者為 John Prentice）。

✤ 2017 年會長第一本英文版電車書，於英國電車博物館義工驚喜安排下，
　在兩部港版電車前進行簡單的開卷儀式。

✤ 2019 年冬天,英國當地下起大雪,69 號電車停在一片雪地上。
入夜後的 70 號電車,車廂內亮起熟悉的泛黃燈光。

大小巴與電車調整
配合地鐵服務
電車循環線車費收六角

式儀持主站古太在督港由午上
車通今線島港鐵地
務服入投時二午下

行走。
盛利狗出，由於現時試驗行走效果
理想，故考慮擴大至每日通宵服務。

✤ 1985年5月31日配合地鐵港島線開通而開辦的循環線電車。
《成報》，1985年5月31日

✤ 1990年試行通宵電
《大公報》
1990年8月

✤ 臨時加開的循環線電車。

✤ 1991年戰後電車50號退役後塗上
深綠色準備運往歷史博物館。
T.V. Runnacles

146

循環線電車（feeder service）

　　1985 年 5 月 31 日配合地鐵港島線正式通車，除了巴士及專線小巴提供新接駁服務外，電車公司亦加開一條跑馬地至銅鑼灣的循環線，安排一部電車每天上午 6 時 30 分至晚上 7 時 30 分行走，運作短時間後 9 月取消。

試行通宵電車

　　1990 年 8 月開始，電車公司首次提供周末通宵電車試驗服務，由筲箕灣至上環，每晚派出 4 部車，半小時一班。試行初期反應不俗，每晚平均有 3,000 人次乘搭，不過市民仍多選擇其他交通工具，加上灣仔區議會關注深夜電車會對沿線的居民構成噪音滋擾，於是要求電車公司停辦通宵電車服務。1990 年 11 月 10 日（星期六），通宵電車最後一次行駛後取消。

博物館的 50 號原來是替身？

　　香港歷史博物館現時有一部 1951 年太古船塢製造的舊 50 號戰後電車，原來當初揀選的並非這一部。

　　90 年代大部分電車已替換成新柚木車身，而 50 號是少數行走的戰後電車，特別之處是上層氣窗是透明的。香港歷史博物館於開館前正物色舊電車作為其「香港故事」的展品之一，並選了 122 號。這是繼 12 號在外地展出後，另一次以真實電車作為公開展覽。可惜 122 號於

✤ 1983 年 113 號翻側意外。

✤ 改裝後的 113 號。

✤ 1992 年 113 號退役。

1990 年 1 月 15 日在石塘咀德輔道西發生意外，車頂尾部被附近地盤一重型吊臂壓中損毀，而無法參展。最後電車公司安排準備退役的 50 號取代了 122 號，成為歷史博物館的展品。

　　1991 年 50 號退役後將車身髹上深綠色，回復昔日戰後電車的風格。50 號車身裝在一個沒有摩打的車底盤上，先由屈地街車廠運往茶果嶺車場停放，再運入歷史博物館內。

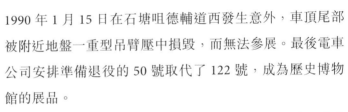

113 號的改裝

　　昔日涉及電車的大型意外，便是 1964 年的「死亡彎角」翻車意外及 1983 年的筲箕灣翻車意外。當中 113 號的意外除了令車身外貌改變之外，亦曾經借助中巴工程車協助救援工作。

　　1983 年 10 月 5 日上午 11 時左右，113 號電車駛經筲箕灣道時，左邊一部田螺車懷疑因爆呔失控撞翻電車。車禍發生後交通受阻，由於電車公司工程車未能將橫放路中的電車吊起，因此向中巴商借大型工程車（富豪 N10）協助，才能完成。

　　113 號復修後於 1984 年 1 月 11 日重新投入服務，車廂改用光管照明，上層前後車窗改成較貼車頂，成為日後電車翻新的藍本。同年 10 月因應一部紅色 Routemaster 雙層巴士來港宣傳，兩部車同時在霎東街車廠內展示。

　　1989 年 3 月，美國三藩市城市鐵路（Market Street Railway）代表 Stephen Taber 來港和時任電車公司總經理 John Carey 會面，表示有興趣將 113 號及另一部 122 號運往三藩市作營運。可惜由於當時香港電車未能配合

✣ 1989 年 3 月，美國三藩市城市鐵路和
電車公司會面，有意將 113 號及 122
號運往三藩市作營運。

T.V. Runnacles

✤ 1990 年 122 號因意外無緣成為博物館展品。

✤ 1994 年 88 號試驗集電弓。

Americans with Disabilities Act（ADA）的規定，即設有低地台來配合輪椅使用者，而導致未能成事，1991 年 113 號的舊車身停放在屈地街車廠接近一年，直到新 113 號建成後才於 1992 年 7 月拆毀，這款獨特車身從此成為歷史。

集電弓試驗（pantograph）

電車一直以來用以通電的組件是車頂的拖里（trolley pole），而電車原則上兩端都可以駕駛，但是遇上路面被阻便需要調頭，車長要由車頭走到另一端並以人手將車頂的拖里調撥到對面天線，兼要留意附近車輛，如果改用集電弓便可省卻人手操作的麻煩和危險，同時減低天線的損耗。1994 年 88 號曾經在屈地街車廠試驗集電弓，但從來沒有在街外行走。

撬路員（pointsmen）

過往控制電車直行和轉彎，依靠操作天線夾口（frog，俗稱扶落）和路軌夾口的撬路員，綠色鐵皮屋便是撬路員工作的地方，分佈軒尼詩道、上環西港城等地方。根據電車目的地牌人手推動控制桿來轉換夾口方向。

1992 年撬路員取消，電車試驗 OLC（overhead line contactor），將感應裝置安裝在拖里頭底部，車長按下轉向掣時，OLC 會 90 度橫向伸出，改變夾口方向。後期因應下述的連串事故而改良電子感應系統。

✤ 操作天線和路軌夾口的撬路員，**1992** 年取消。

Tim Moore

✤ 銅鑼灣波斯富街夾口燈置於橋底方便車長留意。

4.4

電車改善計劃

1995 —— 1999

踏入 90 年代，路面車輛流量逐年增加，導致涉及電車的意外相對增加，根據 1999 年運輸資料年報所載，1989 年至 1998 年十年間的電車意外數字如下：

表三：電車意外數字（1989-1998）

雖然數字有下降跡象，不過 1994 至 1996 年間接連發生電車相撞、出軌及控制器着火的意外引起媒體及立法會關注，其中 1997 年 10 月 17 日 147 號在筲箕灣道與校巴相撞，3 人受傷，媒體揭發當時女車長正在車內用膳，引起外界關注電車員工用膳時間不足的問題。

綜觀意外成因關乎機件故障、人為操作錯誤、行人或車輛疏忽引致。為提高車長安全意識及挽回乘客信心，電車公司於 1995 年至 1999 年間進行下列改善措施：

✤ **1997 年建造的路軌保養電車。**
T.V. Runnacles

✤ **電車員工在 888 號用膳。**
Tim Moore

表四：電車改善計劃時間表

改善措施	時期
▲ 延長電車車長用膳時間	1998 年
▲ 車長培訓及客戶服務	
· 向廠房員工提供工業安全培訓	1998 年
· 向車長提供駕駛培訓	1998 年
· 車長安全駕駛獎勵	1997 年
· 教授客戶服務技巧，收集乘客意見	1998 年
· 電車廣告選舉	1997 年
▲ 電車車身改良	
· 緊急停車裝置（DVD*，俗稱「死人掣」）	1998-2000 年
· 電線物料採用 LSF 減低易燃	1998-1999 年
· 緊急門掣讓乘客安全逃生	1995-1996 年
· 更改錢箱位置和加闊尾梯	1998 年
· 安裝閉路電視、閘門警報系統	1998-1999 年
▲ 路軌改良	
· 安裝自動感應夾口	1998-1999 年
· 調整夾口燈位置使車長易於留意	1996 年
· 製造 200 號路軌保養電車	1998 年
▲ 改善電車站設施	
· 翻新電車站改善乘客候車情況	1997-1999 年

* DVD - Driver's Vigilance Device

　　其中更改錢箱位置和加闊尾梯，是用作試驗上車付費和前上後落。不過基於改動成本高、電車和車站空間狹窄的條件限制，電車公司研究後認為改動反而會令本來緩慢的電車服務變得更慢，計劃最終擱置。

　　另一方面，1996 年電車公司建造了一部 888 號電車，這部綠色的電車沒有底盤，置於屈地街電車廠內天橋底，用作訓練車長應變車廂突發情況，亦曾短暫用作車長的「食飯車」。2002 年 888 號車身改為現時行走的 29 號。由於 888 號電車位置接近現時車長飯堂、報到處和橋底迴圈，因此員工俗稱報到地點為「三條 8」。

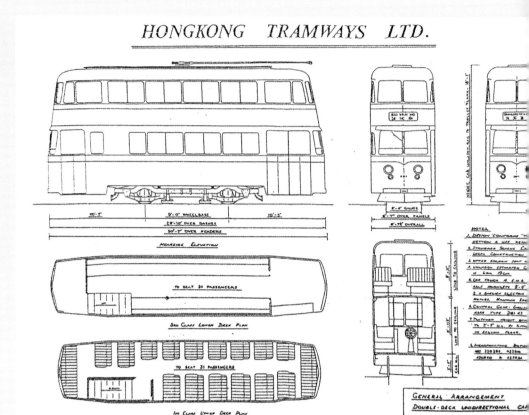

✤ 1970 年電車公司自行設計新款電車。

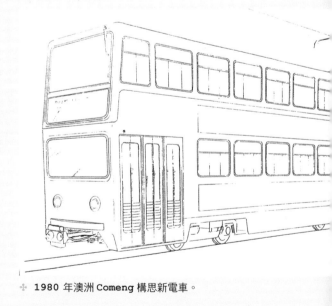

✤ 1980 年澳洲 Comeng 構思新電車。

曾構思的新電車（1960-1992）

　　60 年代電車發展日趨成熟，經濟蓬勃，廣告需求增加，載客量每年保持超過一億，電車公司開始構思提升系統，先後嘗試引入不同國家的電車來加強競爭力，可惜最終在各種因素下，新款電車計劃全部沒有實行。

A. 1960 年代　英國格拉斯哥（Glasgow, U.K.）

　　當地的電車軌距是 1,146 毫米，和香港電車一樣是雙層但使用四軸（一對轉向架）和弓形集電杆（bow collector），而且車身闊度超過 2 米，高度超過 4 米，難以在香港行走。

B. 1967 年　法國聖艾蒂安（St. Etienne, France）

　　單層電車，車款屬 PCC 型號（30 年代由美國引入的路面電車），軌距 1,000 毫米，接近香港電車的 1,067 毫米，和香港一樣是右邊駕駛。電車公司曾嘗試向當地借用一部回港試行，但不成功。

C. 1969 年　丹麥哥本哈根（Copenhagen, Denmark）

　　德國製造商 Duwag 生產的單層電車，行走標準軌距 1,435 毫米，車身闊度超過 2 米。1969 年一批新造電車進行出售，電車公司曾經考慮購入，因技術上只需要將車門位置由右邊改為左邊，不過更改車身闊度是一大難題。

D. 1970 年　新設計雙層電車

　　這款雙層電車 201 號源自電車公司 1970 年 8 月的一張設計圖，車身呈流線型，長度接近 10 米、闊 2 米，行走軌

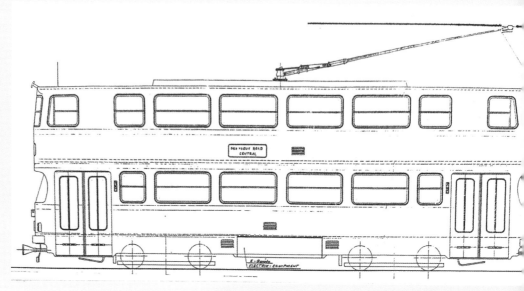

✤ 1977 年 Duwag 版新設計電車。

✤ Duwag 設計的流線型雙層電車模型。

距 1,067 毫米,車頭有一對車燈。車廂和當時電車一樣分為上層頭等和下層三等,估計只有一條通往上層的樓梯。

E. 1974 年　日本札幌電車

日本大部分的路面電車系統和香港電車一樣使用 1,067 毫米軌距,符合香港電車路面。1974 年電車公司曾考慮向札幌交通局購入兩款共 21 部路面單層電車(15 部四軸,6 部六軸),可惜政府認為車身超過 2 米太闊不適合,12 月 5 日否決電車公司的建議。

F. 1977 年　德國 Duwag 雙層電車

1976 年電車公司和德國 Duwag 合作設計一款流線型雙層電車,Duwag 特地製造了一部 1:25 的模型,這款長 13 米、闊 1.9 米、兩組轉向架的新型冷氣電車,外型較一般電車窄,並擬用作拖行單層拖卡。1977 年政府再度否決電車公司的建議。

G. 1980 年　澳洲 Comeng 路面電車

1980 年澳洲 Commonwealth Engineering of Australia 有意在屯門興建單層電車的同時,設計了一款雙轉向架的雙層電車。這款長 14 米、闊超過 2 米的車身未必能夠行走香港電車的軌距。

H. 1991 年　蘇格蘭款鋁合金電車(Alexander Proposal)

1991 年電車公司研究引入新型號電車,參考了蘇格蘭製造商 Alexander 建造鋁合金巴士的外型,設計新款雙層電車,車身長度和闊度和電車雖然接近,不過外型比較奇怪。

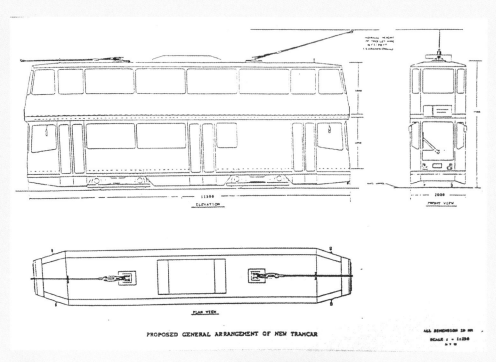

PROPOSED GENERAL ARRANGEMENT OF NEW TRAMCAR

✤ 電車公司自行設計的加長版電車和車底盤試驗。
T.V. Runnacles

I. 1992 年　雙轉向架雙層電車（MxT project）

　　上述 A 至 H 項目的電車計劃悉數告吹後，1992 年電車公司自行設計一部加長版電車，1994 年建造一個 1:1 的實體電車模型 mock-up。這部三尖八角的電車長 11.5 米、闊 2 米，車身較窄，有三道車門，並擬安裝冷氣。

　　1993 年電車公司製造了兩組加長版車底盤，前後附有兩組轉向架（bogies），7 月一個深夜電車收車後，由一部電車拖行其中一組到堅尼地城和上環街市來測試轉彎時的幅度。不過據說在上環街市轉彎時偏離了路軌，試驗失敗。

　　另一方面，時任電車工程主管興利 Ian Hingley 曾表示有意於千禧年替換全數電車為該款新設計電車，不過當時正值多宗電車事故需要將電車系統改良，令計劃擱置，這部放在屈地街電車廠的實體模型於 1997 年 6 月拆除。

　　上述電車改善計劃由當時電車公司及多個部門包括當時的立法局、運輸科及機電工程署等共同協商其可行性。已故前運輸署總運輸主任溫禮高（T.V. Runnacles, Chief Transport Officer）於 2000 年曾以顧問身分撰寫詳細的研究報告。

✣ 屈地街電車廠內建造中的千禧電車，
車身結構換上鋁合金材料。

✣ 2000 年電車公司自行設計的新款千禧電車，
流線型車身改變傳統電車的方形線條。

✣ 接近完成的千禧電車，路線牌比舊車闊，
車身髹上綠白間色，車窗改為銀幕式。

4.5

千禧電車 2000

1999 年電車每日平均載客人數為 24 萬,是 1963 年最高峰的 53 萬的一半,經濟下滑加上前述意外事故,市民多選擇地鐵及巴士等較快捷的交通工具。2000 年,電車公司建造了三部全新設計的「千禧電車」(Millennium Tram),編號 168、169 和 170,外形與其他一般載客電車截然不同。第一部 168 號在 2000 年 10 月 24 日投入服務。電車公司安排三日免費載客收集乘客意見。

千禧電車採用流線型的設計,上層和下層採用單塊車窗,密封式車門,外觀就像一架巴士,鋁合金車身由高強度拉釘接合,有效減少支架變形,是良好的抗腐蝕物料,適合香港亞熱帶氣候使用。全新的座位編排,打破傳統的木架車身和橫向座位。千禧電車起步加速較舊車快,不過銀幕式車窗會令車廂局促,車長駕駛時亦會較吃力,戲稱為「桑拿車」。

新 168 號及 172 號

2011 年 2 月 17 日(威立雅全面收購電車公司一週年),千禧電車 168 號翻新成全新面貌投入服務,成為新型號電車的樣辦。新 168 號結合了新設計和傳統外貌,外表保留傳統電車的三隻車窗,顏色布牌改為 LED 電子牌,上層前端設有 LED 目的地顯示屏,附設報站系統,座位按照人體工學線條設計,椅背加裝扶手,下層左邊為單邊獨立座椅,右邊保留橫向長櫈;電子感應閘門,車廂照明改用省電的 LED 照明,並貼有電車路線圖。上述改

✢ 2010 年改裝的新 168 號，是日後電車全面翻新的樣辦。

✢ 2011 年兩部建造中的新型鋁製電車。

✢ 172 號街上測試，外型新舊混合。

動在新 168 號實施後，2011 年底推出的新電車以同樣形式出現。

另一部樣辦電車 172 號，外型仿照現役柚木電車，改用省電靜音的交流電摩打；車身兩側仍然使用鉚釘裝嵌，頭尾改用玻璃纖維；初期試驗密封車門，座椅設有扶手，而電子牌改變了傳統電車牌箱的闊度。車廂放滿沙包試驗模擬載客。後期上層改回長櫈，下層橫向對坐長櫈，車門改回半截式，尾門由推動式活門改回三截棍。

表五：千禧電車及新 168 號比較

	千禧電車	新 168 號
車架	鋁合金	鋁合金
座椅質料	塑膠座椅	木製、鋁邊及扶手
登車閘門	推動式活門	電子感應閘門
路線牌	顏色布牌	LED 電子顯示牌
前後車窗	單塊	傳統三隻車窗
圓形車燈	較小	和現役電車相同

4.6

新鋁製電車 (Signature Trams)

2011

2011 年 11 月 28 日電車公司舉行新型電車啟用典禮，邀請政府官員出席。三部編號 171、173 和 174 的新電車，外型及座椅編排與新 168 號大致相同，結合了千禧電車和傳統電車的外型，改用交流電 alternating current (A.C.) 摩打，其再生制動系統產生的能源被其他電車吸收作為動力，大大提升了電車的環保效益；而鋁合金車身

✤ 新 1 號和旁邊的舊 2 號。

✤ 電車大燈兩旁的日行燈

✤ 新型電車的自動感應閘門。

✤ 新型電車的車廂設備和座椅。

✤ 柚木電車拆解後運

結構得到中國國家鐵道部認證，相比柚木電車每四至五年檢修一次，鋁合金電車維修年期可長達十年以上；既節省維修成本，同時安全性得以提高。隨着新型電車陸續建造，現役的柚木電車十年前開始退役，並只會保留數部有歷史價值的舊車。

2020 年電車試驗車頭裝設 LED 日行燈，於夜間行走時輔助中間大燈來加強車路照明，減低光度不足造成意外的風險，目前已安裝在新車 43 號及多部柚木電車上。

4.7 冷氣電車　2016

70 年代電車公司為提高競爭力，已有冷氣電車的計劃。90 年代電車公司構思引入冷氣設備的新世代電車。2002 年電車公司製造第一部冷氣電車 171 號，外觀和千禧電車一樣但採用密封車窗，從未正式投入服務。普遍市民反對冷氣電車，認為會破壞傳統和擔心加價，而且冷氣電車會加大耗電量，目前的供電系統不能負荷，改動的成本高昂，該等因素使冷氣電車的計劃未能實行。2008 年旅遊電車 128 號上層安裝德國 Kontenta 冷氣。

舊 171 號車身原本仍顯示編號，2011 年新型電車 171 號取代之後，車身停放在屈地街電車廠多年，2014 年中該車身的頭尾部分換上和新型電車相同的部件，車頂冷氣拆除，整個車身髹上綠色，遮蓋原有的編號。

2014 年 7 月，全新的交流電變頻冷氣電車 88 號建成，車窗可活動，並採用國內著名空調車用品牌科林諾

❖ 千禧年構思的新冷氣電車。

❖ 停用的舊 171 號冷氣電車。

❖ 2016 年投入服務的首部冷氣電車 88 號

（Cling）。相比舊 171 號則是開利（Carrier）和直流斬波
掣動。原柚木電車 88 號改為 30 號。2015 年 10 月 26 日晚
上冷氣電車進行試車。2016 年 6 月 6 日，全港首部冷氣
電車正式載客，對車廂溫度和通風設定進行測試，並收集
乘客意見。冷氣電車現時維持原有收費。

翻新電車計劃本來目標是十年後全數替換舊車，但是
基於多種因素包括港鐵西港島線的競爭、社會事件導致路
面受阻、疫情影響社會經濟等，導致載客量及營運收入下
跌。目前柚木電車數目剩餘 70 多部。新舊電車替換數量
參見下表。

	高科技電車 /AC 電車	已拆毀柚木電車
2011	4[1]	1[5]
2012	13[2]	11
2013	14	16
2014	8	10
2015	8	7[6]
2016	10[3]	7
2017	3	2
2018	3	2
2019	3[4]	6
2020	6	4
2021	4	5
2022	2	4
2023	2	2
總數	80	77

附註：
[1] 168 號高科技電車樣版車（直流電摩打）
[2] 172 號高科技電車樣版車（交流電摩打）
[3] 88 號冷氣電車
[4] Bright Ring Tram
[5] 99 號改建成海洋公園 201 號復古電車
[6] 15 號及 81 號分別以改號碼方式重投服務

5

電車業務

新主人

✤ 2009 年電車收購消息後的新電車廣告宣傳。

5.1

法國威立雅收購電車

2009 年 4 月 7 日，九倉與法國威立雅交通（Veolia Transport）簽訂協議，以低於一億歐元（約 10 億港元）的作價出售百年歷史電車的一半股權。消息引起轟動，不少市民關注電車未來會否加價，甚至擔憂電車的傳統特色會否消失。翌日 4 月 8 日，全港超過八成報章以頭版報道這宗電車重大新聞。

卸任的電車公司董事總經理易志明表示，出售股權是希望引入具專業經驗的合作夥伴提升服務水平，威立雅交通行政總裁杜培洛（Cyrille du Peloux）表示投資香港電車業務是基於其發展潛力，藉此作為開拓內地市場的平台，新任電車公司董事總經理夏睿德（Bruno Charrade）明白電車是屬於港人獨特的文化標記，會致力保存電車的特色，盡量不會改變電車的外觀及設計，員工亦會順利過渡，薪酬福利維持不變，亦無考慮調高票價。

威立雅集團（Veolia）業務遍佈全球 72 個國家，以環保為主，其子公司威立雅交通在亞洲、歐洲、美國等 28 個國家營運電車、鐵路及巴士業務，而香港電車屬於窄軌雙層電車，是該公司第一次收購的新項目。威立雅於內地亦有經營廢棄物處置、供水及排污設施等環保業務，市場揣測收購電車業務是為進軍內地市場鋪路。2010 年 3 月，法國威立雅全資擁有電車公司。

新公司接手後，研究在中環至灣仔填海區興建一條海濱新路線，以不同年代款式的單層及雙層電車，行走中環天星碼頭至灣仔會展中心，相信這移動電車博物館能夠吸引遊客，同時推行一系列提升電車服務質素的計劃，當中

✣ 仿照 50 年代製造的復古電車。

包括 2011 年起全面翻新沿用多年的柚木電車、安裝新電車站牌及路線、調整行車時間表、引入新技術改善車隊及路軌維修等。此外新公司在數架電車上宣傳，收集乘客意見，以「源自 1904」的新標誌向市民打招呼。

5.2 電車新元素　2012

　　過往電車的收發系統相距較遠，如電車被困車龍，會延誤控制室的調配，2012 年電車公司引入無線射頻實時定位技術（RFID），在電車車底和路軌底下安置感應器，車長輸入目的地代號，電車經過感應區時便能傳送到控制室，掌握電車的行走和分佈情況作出調動。沿線車站設有 "NexTram" 二維碼，乘客只需要對準掃描，便能顯示下三班電車之目的地及尚餘到達時間。

　　2012 年 3 月，電車公司和海洋公園首次合作大型「香港老大街」項目，建造一部 50 年代仿古戰後電車，讓大眾重溫昔日的香港風貌。電車公司工程部按照舊照片和圖則重新製造柚木車架，上層籐椅更以人手重新織上籐網，並將部分車件修復及翻新，務求盡量接近原車面貌。

　　除了在營運及技術上作出改變外，在車身上亦加入新構思。2013 年，電車公司和理工大學設計學院及 DeTour 合作舉辦為期 10 天的電車巡遊，將 4 部電車改裝成新面貌，其中兩部是舊款柚木電車，一部新鋁合金電車和一部工程電車。

❖ 2013 年 4 部電車改裝成 Detour 藝術電車遊走市區。

❖ 電車 110 週年活動上一眾嘉賓和電車員工合照。　　　　❖ 電車 110 週年典禮盛況。

柚木電車 153 號改裝成一部「電車教室」（Detour classroom），上層有書架排列不同書籍，車身框架以透明膠板包圍，通透的外型突顯車內的電車組件。另一部柚木電車 67 號改裝成一部「電車餐車」（Detour eatery），上層設有長餐桌，下層設有酒吧。乘客可自備飲食上車享用。

新型 129 號電車改裝成一部「黑盒電車」（Detour black box），銀色的鋁合金電車外殼有如鏡盒，與昏暗的車廂空間形成對比。至於 300 號則由工程電車改裝成一部開篷「音樂電車」（Detour music box），下層發電機為上層舞台表演的音響器材提供電力。

慶祝 110 週年　與眾同樂

2014 年是香港電車投入服務 110 週年，電車公司自 2 月至 7 月與不同團體合辦一系列慶祝活動。2 月 18 日活動揭幕儀式上，邀請三位曾奪得香港電影金像獎的著名影星葉童小姐、黃秋生先生及泰迪羅賓先生，與在場人士分享電車趣事。電車公司同時嘉許兩位長情員工冰姐和祥哥，表揚他們對電車的貢獻。

5 月至 7 月與聖雅各福群會、香港故事館合辦「叮叮由細陪到我大」相片及故事徵集比賽，是繼 90 年代電車廣告選舉以來再度舉辦大型公眾活動，獎品包括雙人來回巴黎或首爾機票連酒店住宿，親身體驗由香港電車母公司經營之巴黎現代化電車或首爾地鐵 9 號線。7 月 4 日於灣仔香港故事館舉辦電車故事分享會，邀請電車員工向大眾分享電車故事。

✤ 電車車廂化成流動電影館慶祝 110 週年。

✤ 屈地街電車廠開放日大受市民歡迎。

✤ 110 號電車換上慶祝 110 週年紀念版廣告。

✤ 途人紛紛拍攝快閃紙熊貓電車。

✤ 古典電車 128 號化身音樂電車鬧市行走。

市面上的電車亦參與盛事，30 部電車車廂化身流動光影故事館，展示歷來和電車有關的電影片段，並於 3 月至 6 月在屈地街車廠舉行三場免費電影欣賞會，播放以電車作場景的經典電影。其中 110 號和一部千禧電車以「裝載你我　映照生活」的主題穿梭市區。車身化成鏡面喻意電車盛載每個港人的生活故事。6 月 20 日，旅遊電車 28 號參與快閃紙熊貓電車遊，6 月 21 日與法國文化協會合辦「世界音樂日　音樂電車鬧市行」，由一班年輕音樂人在電車上巡遊表演。6 月 27 日及 28 日舉辦「叮叮遊‧香港史」電車導賞團，邀請歷史學家丁新豹先生介紹電車路沿途的歷史變遷。

7 月 18 日晚上，假座亞洲協會香港中心舉行服務香港 110 週年誌慶酒會，邀請包括政府官員、法國 RATP 代表、商業夥伴及社區領袖近 200 名嘉賓蒞臨同賀。7 月 30 日及 31 日，電車公司首次開放屈地街電車廠予市民參觀，參加者可獲安排乘坐電車暢遊電車廠房，反應十分熱烈。電車公司更出版《電車‧人‧物‧誌 —— 香港電車 110 週年故事集》，收錄不同部門的電車員工的工作點滴。

首部遊覽電車

2016 年 1 月 15 日，電車公司舉行「電車全景遊」啟動儀式，首次和香港旅遊發展局合作，推出一部仿 1920 年代開篷設計的復古電車。旅客可選擇八種不同語言的語音導賞（包括廣東話、普通話、英文、韓文、日文、西班牙文、法語及俄文），沿途介紹香港古今面貌轉變，下層播放新舊比照的錄像片段，並設有迷你展櫃展示一些古老

✤ 遊覽電車為訪港旅客提供嶄新觀光體驗。

✤ 藝術家伍韶勁將電車加入文學元素
讓大眾經歷一段光影旅程。

✤ 發光酒吧電車。

電車舊照及文物等。

　　遊覽電車 68 號由柚木電車 30 號改裝，1 月 24 日正式投入服務，每天六班往來上環及銅鑼灣（途徑跑馬地），乘客可獲贈兩天免費乘搭日常載客電車的通行證。電車全景遊傳承電車悠久歷史，為旅客提供一個嶄新旅遊體驗。

　　7 月 28 日，78 號改裝成第一部發光酒吧電車，是繼 2016 年開篷酒吧電車另一次新嘗試。除了成功宣傳商品外亦吸引路人目光。

5.3

民間保衛電車

2015 —— 2017

　　2015 年 8 月，退休規劃師薛國強以顧問公司身份向城規會申請拆掉中環至金鐘的電車軌，認為電車路佔用路面造成交通擠塞，而且電車路線和港鐵站重疊應予以廢除，更笑言「行路快過電車」，引起民間反對，不少保育團體、環保組織及公眾人物紛紛以不同方式發起保衛電車行動。最終城規會在 10 月否決廢除電車的申請。

　　2017 年薛氏再次向城規會申請取締電車，以當年四月一宗電車翻側事故為由認為電車安全性存疑，並指出中環德輔道中電車上落客導致交通擠塞，又建議將跑馬地電車軌改成循環線以配合附近的賽馬會博物館。香港電車文化保育學會發起網上聯署，指出違例泊車才是導致交通擠塞的主因，電車面對其他交通競爭依然竭力為市民服務，造就了最便宜交通以外獨有的社區文化特色，深得市民及

✤ 2017 年電車換上微笑叮叮標誌。

✤ 2018 年推出叮叮日記。

旅客支持。學會收集超過三千名支持者，城規會再次否決該建議，電車公司感謝市民對電車的支持。

5.4 微笑叮叮 *2017*

2017 年 5 月 26 日，電車公司發佈全新微笑叮叮（DingDingSmile）標誌。將舊款電車車身圖案改成電車車頭，背景以綠色的紫荊花葉片做襯托，電車的車頭燈象徵努力前進，車燈下方的泵把（bumper）化成微笑，配以「笑聲笑聲　滿載叮叮　Catch a Ride, Catch a Smile」，帶出叮叮平易近人的特色，期望為乘客帶來愉快的乘車體驗。全線電車站更換新標誌站牌，160 部電車的泵把亦加上微笑貼紙，每部電車上會安裝紀念銅牌，表揚工程人員一直努力自家設計及建造電車的成就。

2017 及 2018 年電車公司首次和九巴合作推出為期 6 個月的過海轉乘優惠計劃，為往來九龍新界的市民提供一個經濟實惠的交通選擇。

叮叮日記：收集大眾電車故事

2018 年電車公司推出「叮叮日記 DingDing Diaries」，募集來自不同階層的市民和員工的叮叮故事，或許是小時候的電車河，忙裏偷閒的生活模式，與另一半的邂逅，甚至創化成獨特的藝術空間等，題材豐富多樣，反應熱烈。

✤ 18 號上下層車廂佈置及邀請少數族裔試搭。

✤ 慶祝 115 週年特別版電車。

派對電車 CIRCUS TRAM

2018 年 9 月 21 日電車公司增加新派對電車 Circus Tram18 號，加入時尚和創新元素，本地設計師、建築師、藝術家和工匠將柚木電車 48 號化身成匯聚美食、遊覽和文化體驗的流動社區空間。18 號是第二部裝有冷氣的派對電車，亦是電車歷史上第一部有洗手間的電車。車廂設有三間主題廂房，適合用作舉辦不同聚會、慶祝派對和節日巡遊。

115 週年：藝術電車遊走市區

2019 年香港電車慶祝邁向 115 週年，推出數部特別版電車，來自本港、日本和法國藝術家，展現中西文化薈萃。

日本藝術家松田浩一（Koichi Matsuda），2014 年第一次來港被 110 週年版電車深深吸引，於是五年間來港 20 次，每次帶着相機到筲箕灣總站定點拍攝電車。拍攝的照片超過一萬張，見證了多變的電車廣告，同時記錄了新舊變化的街景。回國後他舉辦了六次攝影展覽，日本人對香港電車並不陌生，其拍攝的電車作品除了讓更多日本人看到香港電車的魅力外，更獲得電車公司的邀請，設計一部 115 週年藝術電車。松田先生精選了大約 350 張照片，以牆紙的形式呈現在千禧電車 170 號。

2019 年 2 月，電車公司與本地藝術插畫藝術家「飛天豬 FlyingPig」黃詠珊首次合作，締造另一部藝術電車。車身以香港標誌性建築物為背景，配以清新優雅的水仙花和活潑生動的麻雀，充滿春天氣息，喜迎豬年。

✤ 首部 Bright Ring Tram。

✤ 漆上渠王字體的藝術電車。

✤ 法國藝術電車。

✤ 2019 年 5 月電車公司與東京都電首次
　合作，將一部懷舊單層電車融合雙層
　電車車身。

　　2019 年 4 月，電車公司推出全新概念電車：Bright Ring Tram，在新型 39 號電車上安裝了 LED 發光傍板，夜裏微笑叮叮的標語矚目發亮，襯托綠色的微笑叮叮圖案，電車上層車身傍版可因應廣告商要求呈現個別發光效果。目前共有 6 部 Bright Ring Tram（14 號、39 號、57 號、89 號、102 號、119 號），吸引一些大型品牌如 Chanel 等作商品宣傳。

　　5 月，柚木電車 30 號和 76 號亦換上新裝。街頭巷尾「通渠免棚」的手寫廣告是香港街道多年特色之一，電車公司聯同設計香港地 DDHK 將「渠王」棠哥獨特的書寫風格首次呈現在電車上。另一位來自法國藝術家 Tim Marsh，花了四天時間，首次將自己的塗鴉藝術作品直接塗畫在電車車身上。其擅長的幾何構圖配搭多種的霓虹色彩，展現他對香港五光十色的形象，讓整部電車奪目出眾。

　　同月，電車公司首次與東京都交通局合作，將當地一部懷舊「東京櫻花路面電車」9001 號融合電車的車身塗裝。99 號為第一部沿用舊號碼的新型鋁製電車，車身下層是東京櫻電單層車身，上層是粉紅色櫻花構圖，巧妙地將單層電車和雙層電車二合為一，創意十足。

✤ 造型可愛的兩部叮叮貓電車。

✤ 慶祝健力士世界紀錄的 165 號電車。

✤ 電車取得健力士世界紀錄榮譽
　　推出紀念版電車與眾同賀。

5.5

電車大使及健力士世界紀錄殊榮
2020 —— 2021

2020 年全球面對新冠疫情，來港旅客止步，各行各業受到影響，在艱難時期電車竭力維持服務，8 月 11 日，電車公司委任「叮叮貓 Ding Ding Cat」為電車大使。逗人喜歡的貓，和受市民及遊客歡迎的電車十分相似，「叮叮貓」以熟悉的「叮叮鐘」為標記，在疫情期間透過兩部電車車身和不同平台，宣揚防疫訊息，鼓勵大眾多搭叮叮，享受自然通風的旅程，達到紓壓的作用。

2021 年 7 月 30 日是電車服務 117 年，香港電車榮獲健力士世界紀錄™榮譽，成為「最大的服務中的雙層電車車隊」的世界紀錄持有者，進一步將電車這個具代表性的文化標記宣揚到全世界。龐大的 165 輛雙層電車車隊每日平均接載乘客高達 20 萬人次，持續為乘客提供安全可靠的公共運輸服務。

電車公司感謝市民一直以來對電車的支持，健力士世界紀錄榮譽™ 是由「叮點人物匯聚　成就世界之最」。為了分享這世界級榮譽，電車公司聯同多個品牌舉辦一系列慶祝活動。位於銅鑼灣時代廣場對面的富明街站安裝霓虹燈裝飾，其他包括與國際知名品牌 —— 彩通色彩研究所（Pantone Color Institute）合作塑造「香港電車綠 HK Tram Green」，傳承電車獨有的綠色標記，展現世界知名的流動地標。此外開設香港電車世界紀錄期間限定店，集藝術展覽、玩樂打卡、購物休閒於一身，又推出「健力士世界紀錄™榮譽電車八達通卡套裝（限量珍藏版）」，更與香港管弦樂團及知名音樂製作人趙增熹攜手創作「叮叮管弦樂小品」，將熟悉的叮叮電車鐘聲、舊式控制器的操

✤ 特色車站和電車慶祝榮獲健力士世界紀錄殊榮。

✤ 2022 年虎年推出新春開運電車和打氣電車。

作聲及氣閘聲融合，將悅耳的叮叮聲變成一個別開生面的音樂旅程。

2022 年，電車公司承接過去一年獲得健力士世界紀錄™ 榮譽的喜氣，繼續發揮創新元素，「叮叮貓」聯同「叮叮虎」推出新春開運電車 165 號和將千禧電車 170 號粉飾為一部打氣電車，向市民和乘客送上新年祝福。當中打氣電車 170 號上的部分圖案由董事總經理與一班員工同心協力着色繪圖。

免費電車

2011 年至 2019 年香港總商會贊助全港市民免費搭電車和天星小輪，2021 年更有多達七次的免費電車日，可算是一項紀錄。電車收費便宜一直都是中短途客的最佳選擇，免費電車自然吸引力大增。2021 年 8 月 18 日，香港電車向全港市民提供首次自行舉辦的免費電車日，慶祝電車取得健力士世界紀錄™ 以及港隊運動員於東京奧運取得佳績的雙重喜事。

其他團體也舉辦不同的電車免費乘車日：

2021 年 3 月 8 日｜香港中國企業協會慶祝成立 30 週年

2021 年 7 月 1 日｜慶祝中國共產黨成立 100 週年暨香港回歸祖國 24 週年

✤ 2011 年起，香港總商會每年贊助免費電車日。

✤ 2021 年及 2022 年先後多次舉辦免費電車日，
大受歡迎。

2021 年 9 月 21 日｜華泰國際慶祝「漲樂全球通」app 上線一週年

2021 年 11 月 20 日｜慶祝中國太平創立 92 週年

2021 年 12 月 19 日｜立法會選舉

2021 年 12 月 30 日｜安樂電影紀念梅艷芳

2022 年 4 月 30 日｜首次由民間團體「姜濤香港後援會」，慶祝偶像姜濤生日提供全民免費乘車優惠，在疫情下送暖。

2022 年全年共有多達 10 次的免費電車日，是歷來少見。

未來電車

隨着未來低碳運輸趨勢，2021 年電車公司和科技大學工程學院（School of Engineering, HKUST）首次合作，讓年輕學生發揮創意創作新世代電車，展現未來的電車外貌，延續電車未來。

✢ 新世代電車發佈會。

下篇 電車發展的重要細節

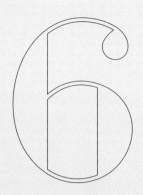

6

電車歷史
票中尋

A1 Nº 0426
First Class Fare 15 Cts.
Hongkong Electric Tramways
Kennedy Town to Post Office.
Whitty St. to Arsenal St.
Wing Lok St. to Observa'n Pl.
Post Office to Causeway Bay or Race Course.
Arsenal St. to M'pole Hotel.
Observation Pl. to New Dock.
Causeway Bay to Shaukiwan.
This Ticket is not transferable and is issued subject to the Bye-laws and Regulations of the Company.

頭等 票位拾伍仙
香港電綫車公司

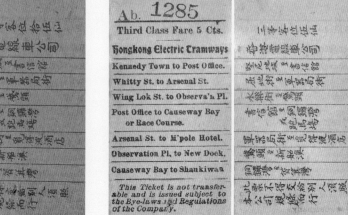

❖ 電線車車票頭等拾五仙，正面是印刷英文版，
背面中文版以橫向毛筆書寫。

❖ 五仙版本的三等電線車車票，同樣是前英後中，
分站和頭等版本相同。

* 鳴謝吳貴龍提供

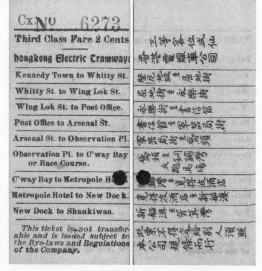

❖ 三等式仙的工人特惠電線車車票，分站較多。

❖ 兩張電線車車票，夾附在一封1905年4月
實寄往英國倫敦的信函裏面，是兒子寫信給
遠在英國的父母親分享自己考獲海員後乘搭
蒸汽船到香港遊玩的情況，因此推算電車票
是他乘搭電車後留給父母存念。

電車又叫叮叮，是大家熟悉的稱呼，原來營運初期並非叫電車，而是電線車。由於車票沒有標示年份或日期，因此只能夠從票價、不同時期的電車公司名稱和車站，去推算大概的使用年期。

第一代電車票——電線車（1904-1906）

現今發現最早的電車票有三組，約手掌般大，在1904至1906年間通用。其中兩張夾附在一封1905年4月寄往英國倫敦的信函內。車票分為頭等拾五仙、三等五仙（斗零）和三等弍仙三種不同顏色，其中三等弍仙是最早的工人特惠車票。Hongkong Electric Tramways 是用於車票的英文縮寫，中文譯作「香港電線車公司」。車票中英對照，正面是印刷英文版，背面中文版相信是未及印製完成而臨時用毛筆書寫。

早期電車站以分段形式顯示，可以見到堅尼地城至跑馬地的分站較密，銅鑼灣至筲箕灣一帶多為沿海地區，人口較少，分站亦較少。車票上可以看到舊時的名稱，例如「書信館」代表舊郵政局、「軍器局街」現稱「軍器廠街」；"Observation Place" 即「天樂里」、而 "New Dock" 指「太古船塢」。為了顧及華人需要，部分站名按照英文發音翻譯成中文，如 "Metropole Hotel" 譯作「覓得波酒店」（今北角新都城中心）。

Sa 5791

First Class Fare 10 Cts.

ELECTRIC TRACTION
COMPANY OF HONG KONG.

Ken'dy Tn. to Wing Lok St

Whitty St. to Post Office

Wing Lok St to Arsenal St

t Office to Observa'n Pl

Arsenal St. to Causeway
Bay or Race Course.

Observation Pl. to Metro-
pole Hotel.

C'way Bay to New Dock.

M'pole Htl. to Shaukiwan.

*This ticket is not transfer-
able and is issued subject to
the Bye-laws and Regulations
of the Company.*

上等士車銀弍角
香港電車局

堅尼地城至永樂街

永樂街至香信館

軍器局街至銅鑼灣

銅鑼灣至或待波酒店

待波酒店至筲箕灣

藍此票不得交給別人
公司不得交給列人
此票不得交給而列人行

✤ 頭等一角香港電車局車票，根據「香港電
線車公司」為藍本的車票。電車票上的
「弍」字少了一劃，用來表示「一」。

Ba 7223

Third Class Fare 2 Cts.

ELECTRIC TRACTION
COMPANY OF HONG KONG.

Kennedy Tn. to Whitty St.

Whitty St. to Wing Lok St.

Wing Lok St to Post Office

Post Office to Arsenal

Arsenal St. to Observa'n Pl

Observation Pl. to C'way
Bay or Race Course.

C'way Bay to M'pole Htl.

M'pole Htl. to New Dock.

New Dock to Shaukiwan.

*This ticket is not transfer-
able and is issued subject to
the Bye-laws and Regulations
of the Company.*

三等士車錢弍仙
香港電車局

堅尼地城至永樂街

永樂街至香信館

軍器局街至銅鑼灣

銅鑼灣或跑馬地頭

待波酒店至新船澳

新船澳至筲箕灣

照此票不得交給別人
公司不得交給觀列人
此票不得而列人行

✤ 三等弍仙香港電車局工人特惠車票，
1904 年至 1909 年期間通用。

✤ 書信館。

＊鳴謝吳貴龍提供

第二代電車票 —— 電車局 (1904-1910)

目前只有前英後中、中英雙語和純中文版本三組電車局車票傳世。頭等一角車票的構圖、中英文站名格式和電線車非常相似，是根據「香港電線車公司」為藍本的車票，Electric Traction Company of Hong Kong Limited 是 1902 年 11 月 20 日另一間在英國成立的電車公司，車票背後是中文譯名「香港電車局」。中文站名改為字粒印刷，「上等士」代表頭等乘客。電車票上的「式」字少了一劃，用來表示「一」的寫法別具創意。

至於三等兩仙是工人特惠車票，「三等士」表示三等乘客。留意三等車費使用的幣種和頭等是不同的（頭等付「銀」，三等付「錢」）。當時電車是點對點（point to point）分段收費，三站為一段，因此，由堅尼地城到筲箕灣頭等全程收費是：一角 X 三段 = 三角，三等便是：五仙 X 三段 =15 仙，和現在劃一收費不同，以物價水平來說遠比現在昂貴。雖然有為華人而設的中文版車票，不過這種英文在前中文在後的格式，凸顯洋人優先的主權。車費表會張貼於電車車廂和寫字樓，內容以英文為準。

上行 / 下行

早期的電車票由英國 Bell Punch Company 印刷，亦有少數在中國上海印刷。其中三款電車局車票分別印上 Up、Down 和「上」、「下」兩字，Up 表示前往目的地，Down 則表示從目的地回程，是外國電車的慣用寫法，香港較少使用。不過值得注意的是：兩者都是以銅鑼灣為中轉站，「上」、「下」和 Up、Down 位置雖然對應，但是基於中文是從右至左順讀，上行線錯誤地變成下行線。20

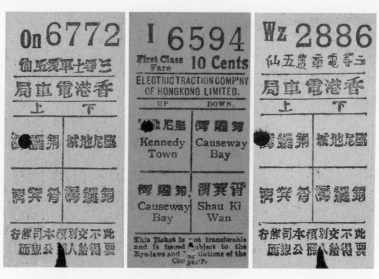

✤ 三組電車局車票分別印上 Up、Down 和「上」、「下」兩字，Up 表示前往目的地，Down 則表示從目的地回程，是外國電車的慣用寫法。

＊鳴謝吳貴龍提供

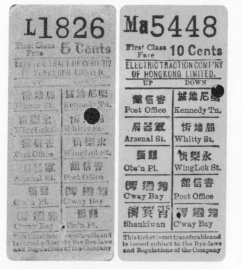

✤ 另一組「香港電車局」的車票，同樣以 Up、Down 來區別東西行線，票價不同但卻同樣屬於頭等。

✤ 這張「香港電車局」的三等車票，五仙的中文版本多了一些站名。車顯示的總站只達銅鑼灣，車費亦調至三仙，是華人專用特惠車票。

年代的電車票已經看不到這種表達方式,比對 1908 年 10
月香港電車局調整車費的公告,車票上堅尼地城、銅鑼灣
及筲箕灣共四個分站,以及頭等和三等收費均腦合,是新
印製的簡化版車票。當中「三等電車費五仙」是臨時書
寫,相信是新版車票部分未及印製完成而手寫車費。

早於 1905 年電車公司已有一毫和五仙的電車券,以
九折優惠發售,方便經常需要搭電車的乘客。上述公告亦
首次提及電車月票,售價十元。

另一組「香港電車局」的車票,站名較多,同樣以
Up、Down 來區別東西行線,仔細一看,票價不同但都是
頭等。五仙本應是三等票價,卻顯示頭等,車票呈現圓
角。上行線由屈地街至銅鑼灣,下行線由堅尼地城至鵝
頸,銅鑼灣以東沒有顯示,而十仙的車票則覆蓋到筲箕
灣。因此推測左邊可能是給予某種階層使用的特惠車票。

上述電車票上的部分站名略述如下:

(1) 些喇堪

「些剌堪」是 Sailor's Home 的音譯,由於站名印在
「書信館」之前,故應是位於西區德輔道西的海員之家(建
於 1865 年,後來隨着海員活動轉移到灣仔,會所亦遷至
該處)。

(2) 弌號差館

「弌號差館」(No.2 Police Station) 位於今天莊士敦道
與菲林明道交界,百多年前已經有「差館」的說法,時至
今日依然是人們形容警察局的一個俗稱。現址已變成中匯
大廈,外牆被糅上不同顏色是其特色之一。

Hongkong, 9th February, 1905. [418

HONGKONG ELECTRIC TRAMWAYS.

ALTERATIONS IN FARES

From 4th February 1905 until further notice
the Fares will be as follows:—

KENNEDY TOWN TO POST OFFICE

First Class	... ...	10 cents
Third ,,	... ...	4 ,,

POST OFFICE TO CAUSEWAY BAY OR
RACE COURSE

First Class	... ...	10 cents
Third ,,	... ...	4 ,,

CAUSEWAY BAY TO SHAUKIWAN

First Class	... ...	10 cents
Third ,,	... ...	5 ,,

The previous Table of Fares is hereby
cancelled.

Pending the arrival of new Tickets the
existing stock will be used.—The value of the
ticket issued will be stamped thereon and the
Section punched will indicate the limit of
destination of the passenger.

J. GRAY SCOTT,
General Manager.

SHEWAN, TOMES & CO.,
Agents.

Hongkong, 20th January, 1905. [416

To-day's Advertisemen

THE ELECTRIC TRACTION
OF HONGKONG LIMI

NOTICE.

On and after the 1st November, 1908, and un
schedule of fares will be as follows :—

KENNEDY TOWN to CAUSEWAY BAY } 10
(any distance)

CAUSEWAY BAY to SHAUKIWAN 10
(any distance)

Monthly tickets available for any number of jou
of the line, for one Calendar month, may be obtained
undersigned.

The charge for these tickets is $10 each.

Monthly tickets are issued subject to the Bye-law
the Company, and to the following conditions :—

Payment to be made in advance in Hongkong B

The tickets are not transferable and are avai
month in which they are issued.

No refund can be made in respect of unexpired

SHEWAN TOMES & Co.,　　J. G
Agents.

Hongkong, 15th October, 1908.

✤ 1905 年及 1908 年，香港電線車和香港電車局先後調整車費。

(3) 永樂街 / 軍器局

早期的車票除了「書信館」和「鵝頸」外,另一個較常見的便是 Wing Lok St.「永樂街」。車站位於德輔道西及永樂街交界,毗鄰三角碼頭,電車促進了當地商業活動的發展。此外電線車車票 Arsenal St. 對應是「軍器局街」,但是電車局版本卻印上「軍器局」,少了「街」字,耐人尋味。

調整車費

1905 年 2 月 4 日,電車正式營運後一年,香港電線車公司公佈新車費,頭等由拾伍仙減至一毫,三等車費略有調整:堅尼地城至書信館及書信館至銅鑼灣收費四仙;銅鑼灣至筲箕灣收費五仙。學童套票 100 張售五元。該公佈指出新車票仍在趕印中,因此新收費會暫時印在舊車票上。目前已知的車票未曾發現四仙的版本。1908 年 11 月 1 日,香港電車局全面接管香港電線車公司業務後一年,公佈新票價簡化分段收費。堅尼地城至銅鑼灣,銅鑼灣至筲箕灣,頭等收費十仙,三等五仙。

第三代電車票 —— 電車公司(1910-1922)

1910 年 8 月 5 日,香港電車局改名為香港電車有限公司(Hongkong Tramway Company Limited),新公司名稱呈現在兩張頭等車票上。藍色版本因增加了站名,電車公司名稱 "Hongkong Tramway Co., Ltd" 用了縮寫。車票大小和電車局上行 / 下行版本大致一樣,並多了一句 "AVAILABLE ON THROUGH CARS ONLY" 在日後的車票很常見。

✤ 1910 年至 1922 年間通用的電車公司
　頭等車票，印上第三代電車公司名稱。

✤ 印有七姊妹的第三代電車票，相信
　1913 年起推出的夏季七姊妹泳場專用
　＊鳴謝吳貴龍提

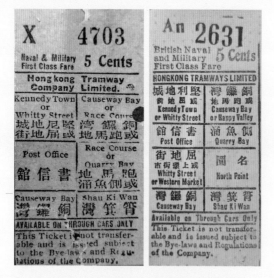

✤ 1910 年至 1922 年間通用的海員專用半價車票。

✤ 20 年代參照海員半價格
　式的頭等車票。

七姊妹泳場專用車票

1913 年起電車公司推出夏季七姊妹泳場專線 Special Summer Services，收費十仙。每 10 分鐘由屈地街開出至跑馬地，其中每 15 分鐘由書信館開出途經七姊妹泳場至鰂魚涌，泳場晚間更有 Band Nights 活動，邀請樂隊表演音樂。左圖三張第三代電車公司車票目前只有頭等版本，站名增加至 14 個，上面印有七姊妹相信便是泳場專用車票。

海員專用車票

1910 年代水手及海軍會館（Sailor and Soldiers' Home）建於海旁東一帶，沿海旁行走的電車自然成了海軍的主要交通工具，他們乘搭電車有半價優惠。印有第三代電車公司名稱 "Hongkong Tramway Company Limited" 的海軍頭等半價車票，先英後中，約 1910 年至 1922 年間使用。此優惠至 1936 年的減價時期繼續有效，及至 1946 年頭等票價改為兩毫後，海軍乘搭電車依然享有半價優惠。戰前版本的車票顯示 "British Naval"，戰後版本略去 "British" 一字。英軍（包括香港防衛軍）票價為一毫。

電車公司巴士票

20 年代在未有巴士專營權前，香港上海大酒店巴士（The Hongkong & Shanghai Hotels Ltd.）已投得大部分港島區巴士路線，因服務時間可到午夜，較受市民歡迎，而成為電車公司最大競爭對手。電車公司先後四次向政府提出申請營運九龍電車，可惜不獲政府支持。1929 年電車公司接管部分啟德巴士線。

最終 1928 年 6 月電車公司正式獲得港島巴士經營

1928 年大酒店巴士車票，
往來銅鑼灣和屈地街／堅尼
地城。

1926 年至 1928 年通用的啟德
巴士車票，估計到 1929 年電
車公司接管其業務後繼續使用。

1936 年電車實施減價優惠。
《工商日報》，1936 年 6 月 1 日

1928 年至 1929 年電車公司分別開
辦了兩條巴士線，車票以數字為車站
代號取代站名。

MONTHLY TRAM TICKETS

RECORD SALE AT REDUCED PRICE

Large crowds gathered at
Messrs. Whiteaway, Laidlaw and
Company's premises to-day, due to
the great demand for Tramway
monthly tickets.

The Hongkong Tramways, Ltd.,
has now reduced the price of
these tickets from $10 to $7, with
the result, according to the clerk
selling the tickets, that a record
day in the history of the Company
in respect of monthly ticket sales
was experienced.

A Dinner Dance will be held at
Repulse Bay Hotel to-morrow. The
bus leaves Repulse Bay at 1 a.m.

1935 年電車月票減價。
Hongkong Telegraph,
30 April 1935

電車減價戰月票由
元減至七元，193
再減至六元。

權，開辦兩條路線：（1）上環三角碼頭至跑馬地，（2）卜公碼頭至太古船塢的長途線，當時有兩款使用的車票，以數字為車站代號取代站名，目前未能考證站名，票上的"OMNIBUS"表示巴士，下方"Available on Through Buses Only"中顯示"Buses"有別電車票使用"Cars"。

電車「減價」優惠

　　電車公司結束巴士業務後，旋即面對另一個挑戰。1935 年 4 月，政府宣佈批准當時的中巴以式等車費接管之前電車營運的路線，為應對巴士競爭，電車公司宣佈將月票由十元減至七元。1936 年 6 月 1 日，電車公司實施票價優惠，往來堅尼地城至愉園（跑馬地）和銅鑼灣，頭等由一毫減至六仙，三等由五仙減至三仙。多份報紙都有詳細報道跟進減價戰及巴士公司的應對情況。

　　新印製的方形車票只有票價沒有等級，後面印有電車公司第四任總經理 L.C.F. Bellamy 的名字。當中三仙士車票為粉紅色，而五仙士為黃色。至於六仙版本的車票共有兩款，都是中英對照。蘋果綠色版和電車局一樣只有 4 個站名，紅色版只顯示堅尼地城至銅鑼灣 / 跑馬地幾個車站，仔細一看，原來堅尼地城曾經譯作堅利地城。

　　此外，月票亦進一步減至六元，報章上亦有宣傳優惠票價以吸引更多乘客。為了便利售票員找贖，電車公司在沿線總站儲備足夠銅元。不過減價優惠不包括來往鰂魚涌及筲箕灣線，收費維持頭等一毫，三等五仙。對筲箕灣居民而言頗為不公，他們有意向電車公司要求一律減價。由於票價有別，據《天光報》報道，電車公司為了便利一些不識字的市民，特別將行走上環至鰂魚涌 / 筲箕灣線的電車，在車外設有白色小牌來識別為非減價車。減價帶動

✤ 新印製 1936 年的三仙士及五仙士優惠
票，估計是供學童使用的現銀票。

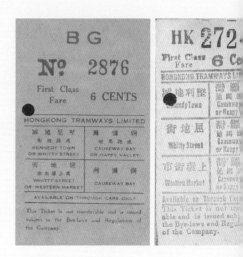

✤ 兩款 1936 年通用的頭等優惠車票，往來堅尼
城至愉園（跑馬地）和銅鑼灣，車費由一毫減至
六仙。

✤ 1947 年戰後使用的學童車票，拾仙士
為正價兩毫的一半。

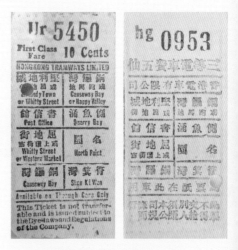

✤ 電車減價期間，筲箕灣維持正價
（即頭等一毫，三等五仙）。

大量乘客選搭電車，電車公司需要加派電車應付，每日派出 76 部電車，佔當時電車總數（97 部）接近八成。

以三仙士和五仙士特別的車票樣式，曾經普遍認為屬於頭等 / 三等優惠票。然而綜合《工商日報》及《華字日報》的資料，頭等六仙優惠票為蘋果綠色，三等三仙為赭黃色，凡穿着制服的軍人及 12 歲以下小童，不論頭等三等一律收費五仙。而學童的減價優惠為三仙和五仙現銀票，其樣式和戰後的方形學童票類似，不過目前未有現銀票傳世，因此推斷屬於上述的三仙士和五仙士方形車票。後期日佔以三等三仙車票加蓋的赭黃色車票，很有可能才是真正的三等優惠車票。

戰前電車票價自 1908 年起大致沒有變化，1940 年代減價優惠結束後，票價恢復正價。未幾遇上日軍侵華，大量人口湧到香港避難，帶動電車載客量逐年增加。

「書館幼童票」

電車公司早於 1905 年已經推出學童套票，100 張售價五元，20 年代亦有學童專用電車票，票價五仙。車票方形設計，印有「書館幼童票 Scholar's Ticket」，沒有標明等級和站名。1947 年電車公司總經理 W.F. Simmons 新上任，有見戰亂後失學的學童逐漸復學，於是重推學童車票，票價為正價兩毫的一半（拾仙士），票上特別註明只限 18 歲 Bona-fide Scholars（即必須是真實學生身份）搭電車來往學校時使用。此外，亦有一套 50 張的十仙學童套票，方便學校給學生集體購買。

✤ 戰後 1946 年頭等票價升至兩毫，12 歲以
　下小童仍有半價優惠。

✤ 加蓋的三等日佔車票，
　「金壹拾圓」即是十元，
　和重複蓋上「三等」「銅
　鑼灣」字樣。

✤ 日佔期間日軍政府自行印製的一等及三等車票，
　約 1942 年至 1943 年使用。

＊鳴謝吳貴龍提供

小童半價車票

1948 年 9 月電車公司重新推出小童半價車票，兩張戰後車票，顯示頭等和三等的票價於 1946 年分別加至兩毫和一毫，12 歲以下小童依然享有頭等半價優惠，不佔座位的小孩免費。直到 1972 年取消等級制度，小童半價優惠仍然維持至車票取消為止。

日佔電車票（1941–1945）

日佔期間日軍將略奪的民間物資例如貨倉內的紙張油墨等加以利用，印製成具有和風色彩的電車票，估計是 1942 年至 1943 年間通用。車票設計和沿用車票截然不同，構圖十分細緻，電車公司名稱改為「總督部電車事務所」，車票上沒有印上站名，只印「東行」、「西行」，另印「早」、「回」、「職」、「學」四格；「早」是指上午，「回」是指下午；因當時實施宵禁，電車行駛至晚上 7 時；「職」是指公職人員，「學」表示學生及兒童，一律收半價。根據當時的票價，上環街市至銅鑼灣一等收四錢，三等收兩錢；上環街市至山王臺，一等收六錢，三等收三錢。此外推出「回數券」等優惠來吸引乘客，並增設女售票員。

日佔後期物資缺乏，通脹高企，日軍改為在存倉的舊車票上加蓋新票價使用。左邊加蓋的三等日佔車票上雖然已有等級和站名，但仍然重複蓋上「三等」、「銅鑼灣」字樣。「金壹拾圓」即是十元，和車票本身的三仙相差一百倍，可見軍票貶值的嚴重程度。

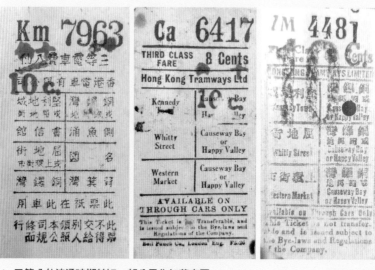

✛ 三等八仙流通時期較短，部分用作加蓋車票。

✛ 戰後短暫使用的頭等十五
　仙車票，1946 年票價調
　整至兩毫。

✛ 1946 年頭等兩毫車票

✛ 方形十仙士電車票和戰前優惠車票格
　式很相似，沒有等級，劃一收費。

戰後電車票

三等八仙

頭等和三等的票價於戰後 1946 年分別加至兩毫和一毫,這兩張加蓋一毫的三等八仙車票是戰後結束不久短暫使用。英文版本沒有銅鑼灣以東的車站,和六仙優惠車票相似。中文版供華人使用,路線至名園和筲箕灣。

頭等毫半

另一張是毫半(拾伍仙)的頭等車票,也是戰後不久使用,亦是繼早期電線車後再次出現毫半車票。

從車票加蓋的情況,反映戰後乘客量之多,車票供不應求,常有出現趕不及印製新車票而直接在舊車票上加蓋臨時票價的情況。日佔結束後,英國重新取得物資印製主導權,後續印製的車票印上 Bell Punch Company 和 England 字樣。

由於日佔期間使用過的車票無法再用,必須印製新車票。戰後營運成本增加,亦有加價的必要。左圖方形十仙士車票參考了戰前優惠車票的樣式,沒有標明等級,劃一收費。背後的高層名字是 1950 年新上任的電車公司總經理兼工程師莊士敦 C.S. Johnston,他致力整合官方營運記錄,和設計新車身「戰後電車」。

三等十仙

戰後中文版三等車票和戰前使用的三仙和八仙版本一樣,日佔時期大部分用作加蓋新票價,車費調高至一毫後,新印製的車票陸續流通市面。除了由英國印製車票外,另有中華書局印刷廠印製的三等十仙中文版車票。

❖ 戰後新印製的三等中文　❖ 由中華書局印刷廠印製　❖ 取消等級後的成人車
版電車票。　　　　　　　的三等中文版電車票。　　票，CNY 推算為農曆
　　　　　　　　　　　　　　　　　　　　　　　　新年簡寫。

❖ 1967 年前由英國印製的車票。　　❖ 1967 年後改為香港印製的車票。

　　50 年代的電車票樣式起了變化，中英文資料橫向印在單面，相信是配合打票機的打孔方向，讓售票員更能準確地在乘客上車地點打孔。初時仍有少數車票的站名是臨時書寫。整體來說，往後的二十年間，車票格式和票價沒有太大的改變。

　　1967 年前由英國印製的車票，將部分站名更改，例如「名園」改為「北角」，車費顯示更清晰，而因應北角區的發展，及舒緩筲箕灣線的乘客量，1953 年 12 月 21 日北角改為總站，銅鑼灣總站臨時關閉；其後霎東街車廠完成擴建，自此車票上便以「回廠」來取代「銅鑼灣」。

　　1946 年至 1972 年間，電車票價基本上變化不大，1967 年暴動過後車票改為在香港印製，車票印上 "H.K." 字樣。

　　1972 年電車取消等級後，車費劃一為成人兩毫，小童和學生都是半價一毫。此外，車票顏色增多，此外亦印有 1 月至 12 月份英文縮寫字樣的車票，及一些印有月份、星期和日子的蓋印車票供企業員工報銷之用。

　　由戰前到戰後經濟復甦，電車未有車身廣告前，電車公司已經善用車票背面作商品廣告宣傳。例如民國時期流行的香煙品牌「老牌派律」和「三砲台」，或百貨公司、洋貨到後期一些宣傳標語，都可在車票上見到。

✦ 電車票背後的廣告。

✤ 70 年代的電車票顏色豐富。

✤ 80 年代方形電車月票。

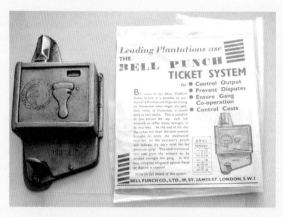

✤ 英國製造的打票機和一份報紙宣傳廣告。

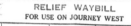

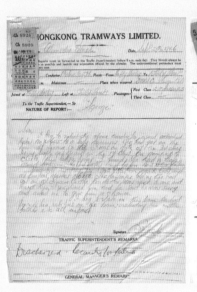

✤ 兩份分別為 **1946** 年及 **1966** 年，
夾附問題車票的售票員書面報告。

✤ 車票紀錄表。

✤ 印有電車軌圖案的最後一款電車票，其中三款印有聖誕和新年祝賀標語。

車票打孔機

英國 Bell Punch Company 始於 1878 年，以印刷車票及生產車票打孔機供應歐洲地區電車，後期擴展至戲院票務。香港電車使用同款以白銅製造的車票打孔機，俗稱打票機或賓子機（賓子源自 punch 音譯），售票員把車票打孔時會發出猶如鐘聲的清脆「叮」一聲，或許就是 Bell Punch 名稱的由來。打票機上的讀數紀錄打孔（有效）車票數目，售票員還須記錄乘客的上車地點及車票號碼在表格上，若乘客沒有購票或售票員將車票錯誤打孔，都需要向管理層提交書面報告（inspection report）。戰後車票才印上 Bell Punch 名稱，直到 1967 年車票改為香港印製為止。

節慶車票

1975 年票價調高至三毫，電車公司發行最後一款有路軌圖案的車票，乘客持票上車無須打孔。其中一式三款印有賀節標語的特別版車票，是官方與市民同樂的最佳見證。

交換車票

70 年代至 80 年代初期還出現了罕見的「交換車票」（EXCHANGE TICKET），有兩毫、三毫和五毫的版本，根據早期《電車條例》，郵差和穿着制服的警察乘搭電車是免費，估計「交換車票」主要分配給負責於港島派遞郵件的郵差出勤時使用。郵差搭電車時將車票與售票員交換成常規車票，代替繳付車資，完成後雙方將車票繳回所屬機構報銷和進行結算，因此不易流出市面。

旅遊車票

70 年代一些商務機構喜歡租用電車舉行私人派對，

✤ 70 至 80 年代供郵差短
　暫使用的交換車票。

✤ 2004 年慶祝電車百週年推出的旅客免費乘車券。

✤ 2014 年電車公司提供東西行免費乘車券，
　讓乘客在指定日期免費轉乘電車。

✤ 1988 年旅遊電車 28 號
　憑票乘搭的紀念車票。

✤ 2016 年推出的遊覽電車
　黃金套票特別版。

電車公司亦賣力宣傳，提供代辦食品服務，而為了進一步推廣，電車公司決定推出特惠車票供市民乘搭。

1985 年電車公司推出 28 號旅遊電車，除了可供遊客租用外，市民可憑車票在沿途上車。旅遊電車每日上午 8 時 30 分至下午 5 時 30 分由霎東街電車廠開出，途經北角、銅鑼灣、灣仔、中環及屈地街；車票背後印有月份和日期。收費初期五元，不過由於價錢遠比當時普通搭電車略貴，不久票價調低至兩元，廣受乘客歡迎。這是首次在標準收費以外獲得額外經營的電車收費。2004 年 7 月，為慶祝電車 100 週年，電車公司推出免費乘車券，供旅客乘搭古董開篷電車往來上環至銅鑼灣。

免費乘車券

2014 年 10 月 30 日，因銅鑼灣東西行部分路段服務受阻，電車公司提供免費乘車券，讓乘客在指定日期免費轉乘電車。當中東行線以缺角標記防止重複使用。

遊覽電車套票

2016 年，電車公司推出遊覽電車，往來上環及銅鑼灣途經跑馬地。乘客購票上車後會獲得一張黃金套票，憑票可在兩日內不限次數免費乘搭電車，此外，還推出黃金套票特別版（Special Edition Golden Ticket），包括兩張明信片和一張刻有號碼的金色車票。

手掌般大小的電車票，蘊含了豐富的歷史資料，史前文獻傳世的不多，電車票便成為考究電車歷史的重要憑證之一。常言「物以罕為貴」，「貴」不宜只着眼於金錢上的「貴」，而忽略前人保存文獻資料上的「珍貴」。舊物的背後故事，偶爾借助網絡力量來補充資料，集腋成裘，如能普及，讓我們的下一代多點認識，誠然美事。

電車等級制收費表

年代	頭等收費	三等收費		學童	月票
1904-1906	15 仙	5 仙	2 仙（工人車）	套票（100 張售 5 元）	
1906-1910	1 毫 /5 仙（銅鑼灣）	5 仙 /3 仙（些喇堪）	2 仙（工人車）		10 元
1910-1930 年代	1 毫 /5 仙（英軍）	5 仙		5 仙（書館幼童票）	
1928-1933（巴士）	1 毫（數字代號站名）				
1936（減價）	6 仙（銅鑼灣）	3 仙（銅鑼灣）		3 仙 /5 仙（現銀票）	7 元（1935）6 元（1936）
	5 仙 - 不分頭等三等（12 歲以下小童 / 穿制服軍人）				
1941-1945（日佔）	一等 / 三等（無票價）/ 加蓋舊票				
1945	15 仙	8 仙			
1946-1960 年代	2 毫 /1 毫（小童 / 軍人）	1 毫		1 毫（書館幼童票）	18 元

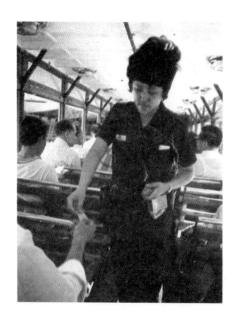

電車取消等級制後收費表

年代	成人	小童	學生	長者	月票
1972	2 毫 （取消等級）				
1975.12.01	3 毫	1 毫	1 毫		18 元
1977	車票制度廢除				
1981.08.01	5 毫	2 毫	3 毫		27 元
1983.07.01	6 毫	2 毫	3 毫		45 元
1990.08.05	1 元	5 毫	6 毫		80 元
1994.02.06	1 元 2 角	6 毫		6 毫	100 元
1997.01.12	1 元 6 角	8 毫		8 毫	135 元
1998.03.21	2 元	1 元		1 元	170 元
2011.06.07	2 元 3 角	1 元 2 角		1 元	200 元
2012.06.07	2 元 3 角	1 元 2 角		1 元 1 角	
2018.07.02	2 元 6 角	1 元 3 角		1 元 2 角	220 元
2022.07.11	3 元	1 元 5 角		1 元 3 角	260 元

* 2001 年引入八達通收費

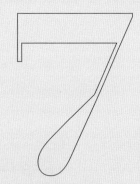

圖解
電車款式

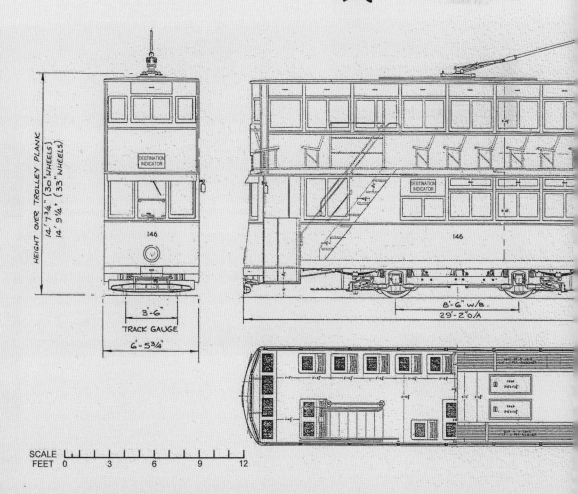

HEIGHT OVER TROLLEY PLANK
14'-7¾" (30" WHEELS)
14'-9¼" (33" WHEELS)

DESTINATION INDICATOR

146

3'-6"

TRACK GAUGE

6'-5¾"

DESTINATION INDICATOR

146

8'-6" W.B.

29'-2" O/A

SCALE
FEET   0   3   6   9   12

1904年單層電車

頭等電車

三等電車

1912年開篷雙層電車

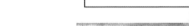
帆布頂 (1913年改良版)

1925年戰前電車

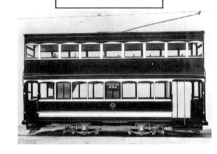

1949年戰後電車

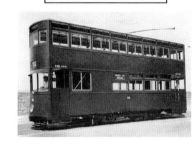

1986年翻新電車

1987年柚木電車

2000年千禧電車

香港電車 - 歷代電車款式

蓋頂 (1923年改良版)

(1964-1982)

年鋁製電車

TRAMS CULTURE PRESERVATION SOCIETY
會學育保化文車電港香

一直以來，香港電車沒有明確的分代，純屬愛好者自行區分。日本鐵路界有「第O世代車体」的概念，一般指新型號設計車輛，新車會配以新號碼。而歷來新舊款的香港電車是同時行走，不是一次性取代。根據1988年運輸資料年報，紀錄由電車公司提交的年度數據，包括車隊數量、款式、載客量等。電車款式分類為以下五款：

1. 1949 series

2. Rebuilt 1985-87

3. 1987 series

4. Open-balcony tram

5. Semi-open-top tram

按照年份所述便是：

1. 戰後電車

2. 翻新電車

3. 新建柚木電車

4. 旅遊電車28號

5. 旅遊電車128號

由此看見，當時以年份和車身款式來區別電車型號，簡單明瞭，並沒有分代的字眼。從款式和出廠年份，大致可以將歷代電車分成八款：

1. 1904年單層電車（頭等／三等）

2. 1912年開篷雙層電車

3. 1925年戰前電車

4. 1949年戰後電車

5. 單層拖卡 (1964-1982)

6. 1987年柚木電車

7. 2000年千禧電車

8. 2011年鋁製電車

頭等電車（17-26 號）

車燈　　通風窗　　拖里桿　　扶手

控制器　　救生欄　　車號

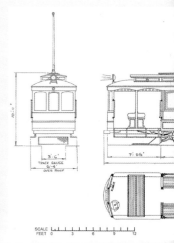

三等電車（1-16 號）

車燈　　帆布捲簾

車號　　救生欄

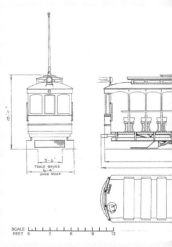

附註：

· 帆布頂和木蓋頂屬於改良版雙層電車
· 120 號是第一部戰後電車
· 拖卡是連接戰後電車後面的連結車
· 現役柚木電車是以 1986 年翻新電車（1986-1991）作藍本
· 2011 年鋁製電車是以千禧電車作藍本

* 柚木電車行內俗稱「木頭車」。鋁製電車行內俗稱「高科技 /AC 電車」。
  AC 是交流電縮寫 alternating current，Signature Tram 源於高
  科技有 "Hi-Tech" 之意思。

　　基於單層電車和改良版雙層電車同時行走，由此可見，雙層電車由開篷（open-top）到有蓋車頂（covered-top），是漸進式（progressive）的變化，而非一次性（one-off）取代。

1904 年單層電車

　　26 部單層電車車身全長 29 呎（約 8.8 米），闊 6 呎 1 吋（約 1.9 米），前後輪距為 6 呎 6 吋。

頭等電車（17-26 號）

- 中間密封式車廂（有風扇）
- 前後開放式車廂
- 載客 32 人

三等電車（1-16 號）

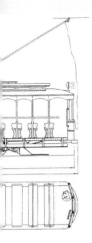

- 全開放式車廂
- 載客 48 人

　　早期的電車沒有車門，只有簡單扶手，車燈在車頂兩端，車頭放置目的地牌。

　　車底裝有救生欄，防止乘客因被撞捲入車底受傷。1911 年起，車燈下移到車窗下方中間位置，目的地牌移到車頂。

尺寸繪圖：
Terry Russell

1912 年雙層電車

✤ 帆布頂和木頂都屬於改良版雙層電車。

1912 年開篷雙層電車

- 開篷式設計
- 上層頭等（橫木座椅可雙向移動）
- 下層三等（對坐長櫈）
- 車頭有直樓梯連接上下層
- 載客 50 人

　　開篷電車的車身尺寸比單層電車略短，為 27 呎 6 吋（約 8.3 米）。上層前後兩端裝有路線牌和照明燈柱，頭等乘客和三等乘客分別在車頭和車尾上落。

改良版（1913 年）

- 樓上加帆布頂
- 抵受不住風雨

改良版（1923 年）

- 樓上加上木蓋頂
- 演變成密封式設計

1925 年雙層電車（戰前電車）

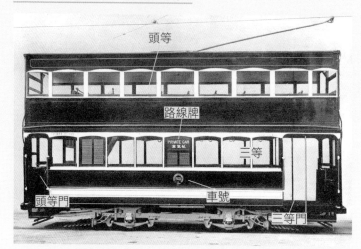

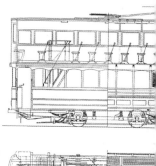

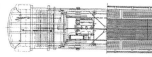

1949 年戰後電車

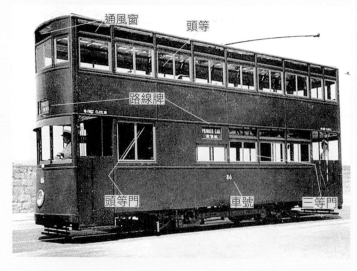

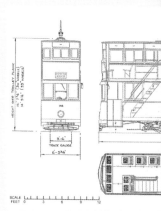

1925 年戰前電車

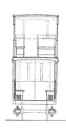

- 密封式設計
- 兩側有路線牌
- 座位數目增至 62 個
- 車身轉為深綠色

戰前電車保持上層頭等下層三等車廂格局，車身和闊度分別加長至 28 呎 6 吋（約 8.6 米）和 6 呎 6 吋（約 1.9 米）。

1949 年戰後電車

- 日佔結束後新設計電車
- 第一部 120 號
- 上層車窗有氣窗，令車廂通風
- 氣動閘門取代人手操作

戰後電車長度為 29 呎 2 吋（約 8.9 米），往後電車尺寸格局大致沿用戰後電車。車廂維持上層頭等下層三等至 1972 年取消等級為止。

單層拖卡

上落車門

élysée

纜繩　　連接裝置　　　　　　　　無動力車底盤

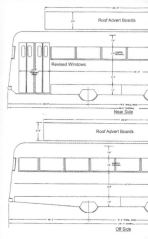

Roof Advert Boards

Revised Windows

Near Side

Roof Advert Boards

Off Side

1987 年柚木電車

電阻箱

光管照明

快餐店式座椅

Tel: 5-8438535

隆德保險集團
Lombard Insurance Group

路線牌

WESTERN MARKET
街市碼頭

落車門　　A Better Choice　上車門

Lombard　Lombard
Established 1836

153

泵把　　隔音裙板　　車底救生網拆除

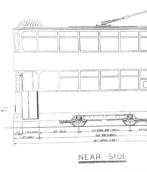

NEAR SIDE

GENERAL ARRANGEMENT OF TRAMCAR

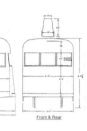

Front & Rear

單層拖卡

- 增加載客量
- 單層設計（3 款）
- 靠前面電車拖行
- 共 22 部
- 1982 年取消

其中數目最多的是 1965-1967 年向英國 Metal Sections Ltd. 訂造的款式，共 20 部。車頂呈圓拱形，玻璃纖維座椅。

1972 年取消等級

- 車尾上車，車頭落車
- 樓上樓下一律收費兩毫
- 加裝車尾樓梯

1976 年落車付費

- 取消售票
- 加裝車尾旋轉閘
- 車頭錢箱

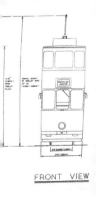

FRONT VIEW

1987 年柚木電車

- 源自 1986 年翻新電車設計
- 方形車窗改為圓邊大車窗
- 木製籐椅改為玻璃纖維座椅
- 車廂照明改為光管
- 車尾樓梯從左邊改為右邊
- 原本放置在下層車尾的電阻箱移到車頂的前端

2000 年千禧電車

電阻箱　銀幕式

塑膠座椅

顏色布牌

前梯

尾梯

密封式車門

2011 年鋁製電車

保留傳統三隻車窗

報站系

LED 照明

按人體工學線條設計座椅
椅背加裝扶手

LED 電子顯示

叮點愛　穿越115載

交流電摩打

2000 年千禧電車

- 鋁合金車架
- 塑膠座椅
- 前後改為單塊車窗
- 推動式登車活門

2011 年鋁製電車

- 交流電摩打（AC motor）
- 感應式登車閘門
- 保留傳統三隻車窗
- 車廂照明改用省電的 LED 照明

工程電車

200 號——維修及訓練兩用車

　　戰前共有 3 部單層工程電車，編號已不可考，戰後電車服務雖然逐步恢復，但是大部分車身已在炮火中受到嚴重破壞，200 號在 1956 年 7 月 9 日投入服務，取代戰前工程電車。車身設計為半雙層，車廂內有一個大水箱和供打磨路軌用的機器，負責維修路軌和檢查電纜，俗稱「水箱車」，白天亦用作訓練用途。1961 年 11 月 7 日晚上曾化身成歡迎英國雅麗珊郡主訪港的花車。

　　其後引入維修路軌的新技術後，200 號在 1984 年 2 月退役，車底移到翌年運往加拿大世博展覽的 12 號戰

✤ 200 號電車。

✤ 201 號電車。

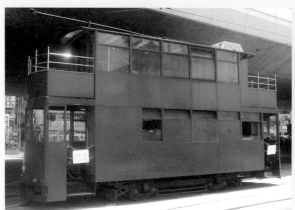

✤ 300 號電車。

✤ 400 號電車。

後電車。1989 年曾短暫使用 201 號維修電車，1997 年電車公司重新建造新 200 號，車身髹上 Permanent Way Maintenance「路軌保養」和 9 個代表不同工程的圖樣，只有一條車頭樓梯，車頭和車尾兩邊裝有警示燈。初期車頂有兩個電阻箱，和一般電車只有一個電阻箱不同。現在已回復為一個。車廂和舊 200 號同樣載有大水箱，車底裝有一對旋轉式刷洗器，用作清洗路軌。清洗路軌工程外判後，200 號車底的刷洗器已移除，上層改為發電機。負責供電給街外工程之用，清洗路軌的工序逐漸改為打磨。

300 號 —— 電力及柴油兩用車

這是一部外型和 28 號相似，早在千禧年時曾經構思的新旅遊電車，但計劃告吹，車身放置在車廠內數年，2007 年改裝成工程電車 300 號，負責調動維修的電車和車底。初期可以柴油驅動，一般電車被截斷電源後便不能行走，只有 300 號例外。車廂只有車尾樓梯，上層裝有發電機，供電給打磨路軌的機器（welding machine）之用。

400 號 —— 吸沙工程電車

2013 年電車公司製造第 3 部工程電車 400 號，鋁製車身，上層裝有一個交流電驅動的 45 匹強力吸塵機，車底裝有一對大刷，用作清理積聚在路軌上的沙塵及磨平路軌。400 號設有隔音裝置以減低操作時發出的噪音，相比人手清理每次只能完成一、兩個車站，這部工程電車有助加快全線電車軌至一星期。

工程電車一般沒有固定出勤地點，在電車尾班車開出後駛出，通常會在清晨頭班車開出前駛回車廠。但遇上緊急工程時或有機會在白天見到。

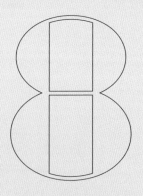

電車站

DEPOT 廠車

CAUSEWAY BAY 灣鑼銅

NORTH POINT 角北

SAI WAN HO 河灣西

QUARRY BAY 涌魚鰂

SHAUKEIWAN 灣箕筲

HAPPY VALLEY 地馬跑

PRIVATE 用私

WAN CHAI CHURCH 堂教仔灣

CENTRAL MARKET 塲市央中

SAI YING PUN 盤營西

WHITTY STREET 街地屈

KENNEDY TOWN 城地尼堅

QUARRY BAY 涌魚鰂

✤ 戰前電車站呈圓形，刻上「停車處 ALL CARS STOP HERE」。

✤ 懸掛在路桿的站牌。

　　1904 年 7 月 29 日（即電車正式啟行前一天），政府刊憲公佈全線 29 個電車站，當中堅尼地城（加多近街）、跑馬地及筲箕灣為總站。早期的電車站是沒有劃定候車區，亦沒有候車月台，只有一塊圓形站牌寫着「停車處 ALL CARS STOP HERE」懸掛在兩條路軌中間的路桿，或掛在路邊唐樓柱蠆，因此不容易察覺。而當時洋人為首的電車公司，相關的電車條例除刊憲外，亦公開展示在每部電車的車廂、郵政局、卜公碼頭等。

　　不過一般候車的市民大多不清楚守則。根據當時電車條例第 36 條，乘客只可在電車行駛方向之左方上落車，如不依照上述方法，車長有權拒絕乘客上車，若因此發生意外，乘客須承擔後果。翻閱當時的報章，電車通車初期發生不少電車撞死路人的事故，法庭多數判決為意外死亡 "accidental death"。其中一宗意外起因是樓上有人倒水，驚動正在等車的乘客，其中一人站出電車軌外觀望，卻未留意到站電車駛近，車長已不斷鳴鐘警示仍將其撞傷。亦有乘客貪一時方便在電車行駛期間跳車逃票而被罰款二十五元。由此可見，當時的行人低估電車的速度，不清楚電車為何發出叮叮聲，在街上候車時沒有留意路過的車輛，當見到電車便一湧而上去追車。

　　1911 年電車的車底安裝救生欄以策安全，車長亦逐步提高安全意識。其中一宗電車意外，是一名小童在中環橫過電車路時險些被電車撞倒，幸好司機及時放下救生欄，小童才免於捲入車底。為了進一步減低意外發生，1912 年增加附例，禁止乘客阻礙車長駕駛，乘客未經稽查許可不准上車。

✤ 30 年代石塘咀候車亭，旁邊是禁娼後結業的陶園酒家。

✤ 銅鑼灣候車亭中式設計，約 1925 年啟用。

1916 年電車公司規定車長在以下四種情況必須鳴鐘：

1. 電車離開車站
2. 電車駛入轉彎街口
3. 警示電車路附近的路人
4. 電車迎面駛過前

當時電車站的分佈，堅尼地城至銅鑼灣的分站數目增多，配合該區的社會和商業發展，銅鑼灣以東的舊筲箕灣道，屬沿海地區故分站較少，只有北角七姊妹、太古糖廠、太古船塢、西灣河街市和筲箕灣總站。同時將 29 個電車站劃為必須停車，並增加 6 個「隨意站」（即乘客需要上落車才停車），包括太平戲院、大會堂、跑馬地馬場等，又規定電車的車速，第一至第五段（堅尼地城至跑馬地）不得超過每小時 15 英哩，第六至第七段（銅鑼灣至筲箕灣）不得超過每小時 20 英哩。轉彎及駛過渡線時不得超過每小時 4 英哩。

候車亭（waiting room）

隨着電車乘客日漸增多，約 1925 年電車公司在銅鑼灣和石塘咀設置候車亭，除了方便頭等乘客候車時免受風雨影響外，另一個推算是配合利舞臺啟用而設，方便達官貴人看大戲後，乘坐午夜專車到石塘咀風月場所消遣。候車亭屬於中式木構建築，外圍植樹，門口標寫 "Waiting Room for First Class Passengers"，相對於華人在露天車站候車，明顯較為高檔次。50 年代隨着有蓋電車站的加建，1955 年屈地街總站候車室拆卸，興建新的站長室，銅鑼灣候車亭亦隨着北角新總站 1953 年啟用而拆卸。

屈地街着手興建
新電車總站
新站完成舊站卽拆卸

【特訊】樣子古舊的屈地街電車總站將會拆掉，而代以新式立體建築物。新屈地街電車總站於昨天起開始施工，地點在舊站之東，等待新站完成後，舊站便要拆掉。

新站的設計和北角糖水道電車總站相似，站長辦公室高出地平綫，這樣對電車行走可以一目瞭然。內部包括有候車室和厠所設備。

舊站面積很小，樣子有點像古舊的小廟，新站不特樣子美觀，面積也比舊的廣大，預算今年年底可以完成。（訊）

興建中的屈地街電車總站。
《華僑日報》，1955 年 9 月 23 日

1965 年新建屈地街電車總站，旁邊是站長室和指示車長開車的「去」字燈。
Douglas Beath

月台式電車站

根據 1932 年的數字，全線電車站數目增加至 75 個，其中隨意站增加至 28 個。1933 年電車公司加建石壆式電車站，約一部電車的長度，減少在路中心上落客的危險。不過繁忙的路段如中環德輔道中，人多車多，乘客站在新設的候車月台等候電車，也要留神旁邊的汽車經過。雖然電車的車門裝有掛鍊，車上的售票員和司閘員會留意乘客上落情況，但是路人仍然習慣任意在電車之間橫過馬路，乘客亦沒有排隊或是趁人多擠擁上車。這種情況到了戰後電車安裝車門及加建有蓋電車站才慢慢改善。

50 年代部分電車軌因出現耗損，而重鋪新路軌。以往不少行人橫過電車軌多先過一半，當對頭有電車時便站在兩條軌之間，等候電車經過才過路，令意外頻生。鋪設新路軌後兩條路軌之間空間收窄，乘客落車後過路便應加倍小心。

什麼是隨意站？

早期的電車站分為 Compulsory Stops（固定停車站，俗稱白牌站）和 Request Stops（隨意站，俗稱紅牌站），電車必須在固定停車站停車讓乘客上落。當有乘客需要在紅牌站落車，或車長留意到有乘客在紅牌站等候時，車長才需要停車。

隨意站是紅色圓形站牌，刻有「如要停電車乃可在此處 CARS STOP HERE IF REQUIRED」。約 70 年代紅牌站簡化字眼改為「如要停車　請在此站」，英文不變。

即將拆毀的屈地街電車總站，右下方冒頭所

✤ 石壆式電車站，呈安全島設計。戰前到戰後使用。

✤ 只限清明節使用的隨意站。

　　80 年代改用有電車圖案的新站牌後，紅牌站的功能減低，模式亦改為在站牌上貼上「REQUEST　隨意站」字樣。

　　現時運作的隨意站剩下兩個，一個位於跑馬地的香港墳場站，另一個在香港仔隧道出口落橋位的橋底，每年清明節及重陽節才會使用，方便前往掃墓人士。因為平日較少乘客上落，電車經過都不停站，若使用便需要警方在場指揮交通。

❖ 不同時期的隨意站牌。

✤ 1974 年上環街市總站候車的乘客。

✤ 1982 年英皇道路軌施工中，右邊乘客臨時在路面上落電車。

T.V. Runnacles

有蓋電車站（tram shelter）

　　戰後電車服務逐步恢復正常，50 年代主要有兩款有蓋電車站，一款是加建鋅鐵上蓋，方形柱廊，結構簡單，現時只剩餘北角健康東街仍然保留這款舊式車站。另一款是全新的混凝土構造月台，站的末端附有標着「電車站 TRAM」的站柱，晚間會亮燈，後來該站柱於 70 年代尾被黃白色「莫禮遜燈箱」取代。50 至 60 年代部分電車站的支柱上或安全島加髹黑白斑馬色，讓駕車人士注意，乘客候車安全性提高。70 年代全線電車站已經超過 100 個，隨意站的功能亦慢慢消失。80 年代部分車站翻新成懸臂樑式站柱，外型典雅。

✛ **1956 年柴灣道附近兩款電車站。**
Douglas Beath

✤ 1986 年興建中的新車站，1989 年上環總站分為東西兩
　邊月台，站柱掛有目的地牌讓乘客留意搭車方向。

T.V. Runnacles

✤ 1986 年中環德輔道中改路期間使用鋅蓋頂電車站。

Noriaki Tsujimura

✤ 1989 年中環匯豐總行對開大批乘客上落電車。

Tim Moore

✤ 1994 年石塘咀東西行電車站。

❖ 50 年代禮頓道的圓形站

❖ 70-80 年代使用的圓形
和方形白牌站。
T.V. Runnacles

❖ 1984 年英皇道太古城中
入口附近的電車站。

站牌式電車站（tram spot）

　　早期的圓形站牌沿用到戰後，中文字眼由「停車處」改為「電車站」，英文字眼不變。然而市民普遍仍未有排隊的習慣，當見到電車就跑去追上車的情形時有出現。新增的方形站牌刻上「電車站 TRAM STOP」，路面髹上白色「電車站」字樣，讓乘客易於留意。70 年代金鐘道拉直後的電車軌、跑馬地線摩利臣山道一段及 80 年代上環街市電車軌重整期間，都曾經使用過這款圓形站牌。現時仍有 20 多個方形白牌站，主要分佈在西行線，例如灣仔莊士敦道、堅尼地城海旁及筲箕灣道部分路段。

✤ 臨時設置的圓形白牌站。
　T.V. Runnacles

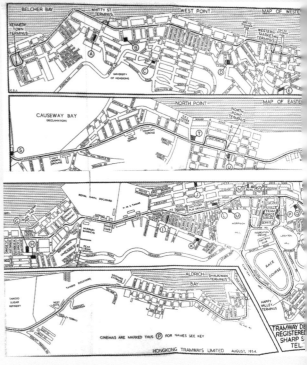

✤ 1954 年的車站路線圖。

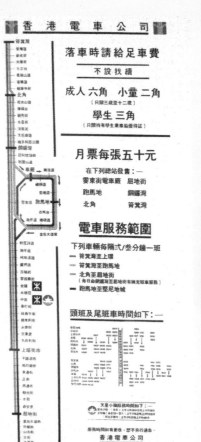

✤ 1986 年石塘咀山道東行站，站柱前後附有路線圖。
T.V. Runnacles

車站路線圖

　　1954 年電車公司首次印製一份中英對照的路線圖及時間表，詳細列出各車站的位置、頭班及尾班電車於各站的開出時間、行程大約所需時間、車費等，特別是附有沿線電影院的英文代號。

　　80 年代電車公司在沿線車站安裝新版本的路線圖，同樣中英對照。路線圖除列出頭班及尾班電車的開出時間、班次、車費外，亦加入月票票價和售賣地點，及天星小輪的服務時間。

　　2007 年電車公司再次安裝路線圖，除了頭尾車服務時間外，新增目的地編號（1 至 9）；2010 年 3 月法國威立雅入主電車公司後將路線圖改良，詳細列出東西行沿線車站名稱、頭班及尾班車的開出時間、班次、車費及附近的地標景點等，為遊客及乘客提供了方便。

表一：電車站數目的變化（1904-2022）

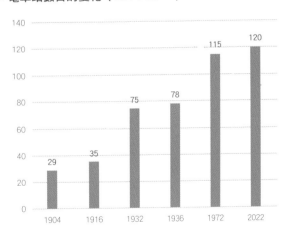

資料來源：政府憲報，TTSD-Tram Route Studies 1972。

✤ 1983 年使用的方形站牌，背後有車
站代號，但圓形站牌已停用。
Tim Moore

✤ 健康東街仍可見到舊車站代號。

早期電車站除了總站外並沒有明確站名，主要有兩種表達形式，其一多數以街道交界來表示，例如 Junction of Kennedy Town Praya and Sands Street（堅尼地城海旁及山市街交界），或者以電車站柱號碼表示，例如 Shaukiwan Road, at Tram Pole No. 392（筲箕灣道第 392 號柱）。

1936 年英皇道通車後，電車公司重整銅鑼灣以東的電車站，部分站名將舊筲箕灣道（Shaukiwan Road）改為英皇道（King's Road）。

前工務司署交通運輸調查部（Traffic and Transport Survey Division, TTSD）在 1972 年一份電車路線研究報告中，將沿線電車站加上數字代號，東行線為 1 至 53 號，西行線為 101 至 150 號，跑馬地線為 151 至 162 號。1983 年有蓋電車站頂安裝方形站牌，背後便是標示這些數字並加上 E 或 W 作代碼；例如 44E 表示 44 號東行站，102W 是 102 號西行站。電車站沒有顯示站名，只有先英後中「TRAM STOP 電車站」字句和戰後電車圖案，這亦象徵舊式圓形站牌逐步停用。

❖ **1956 年中環街道的電車站。**
Douglas Beath

✤ 1997 年新款電車站頂目的地預計到達時間告示牌。
Tim Moore

✤ 灣仔電車站外的標示。

✤ 試驗性質的目的地顯示牌和電車站

　　90 年代電車站進行翻新，增設乘客資訊，在站頂標示目的地預計到達時間告示牌，站牌上標註站名及行車方向，並以中英文寫有「五分鐘到上環街市」、「十四分鐘到銅鑼灣」等，讓前往電車站的乘客留意，傳達電車便捷的訊息。電車站背後亦加上圍板，保障候車乘客安全，同時成為廣告商宣傳商品的最佳途徑。位於繁忙路段如灣仔杜老誌道東西行對站，電車往來頻繁，路軌上標有「衹准電車駛入」提醒其他車輛注意。

　　2005 年電車公司在跑馬地總站試驗目的地預計到達時間告示牌，本來計劃擴展至全線車站，但因成本問題擱置。1996 年電車公司建造一個樣版車站置於屈地街電車廠，同時研究將部分車站合併或減少來加快電車流量和速度。

　　2010 年電車公司替沿線電車站頂更換新站牌，起初為新設計電車圖案，最後沿用戰後電車圖樣，並加上先中後英的車站名稱，而印在舊站牌後面的代號亦重新編排（東行為單數，以 E 作代碼；西行為雙數，以 W 作代碼）。此外配合新車裝置的目的地報站系統，電車站柱換上新版路線圖。2017 年 5 月 26 日電車更換微笑叮叮標誌後，舊款站牌寫入歷史。餘下一個清明及重陽使用的隨意站，及筲箕灣總站落客站，因不計算在沿線車站而保留舊款站牌。

　　2004 年開始，電車站仿效巴士站引入大型廣告牌設於站背和站頂，分隔馬路和電車站，減低車輛噪音及廢氣。現時這款電車站遍佈在中環、灣仔、銅鑼灣等人流密集的地區，有利廣告商戶宣傳之外又可使電車站成為景點。沿線部分處於繁忙路段的電車站，例如金鐘道、灣仔軍器廠街、銅鑼灣怡和街等，設有行人過路線或行人天橋連接。

✤ 2010 年新設計電車圖案站牌。　　　　✤ 現時電車站兼有廣告宣傳功效。

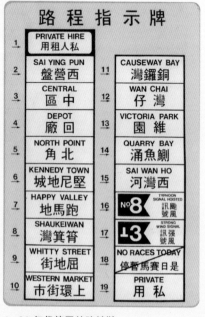

✤ 2017 年 8 月至 11 月期間，西營盤東邊街原有西行站　　✤ 80 年代使用的路線牌。
　（2009 年 8 月拆除）因應港鐵西營盤站啟用而重建。

現今東西沿線共有 120 個車站，其中 7 個是總站（堅尼地城、石塘咀、上環街市、跑馬地、銅鑼灣、北角、筲箕灣），附近設有站長室，以便站長作車務調度。全線電車站基本上位置變動不大，最近一次較大型的是配合港鐵西港島線車站工程，西營盤東邊街西行站 2009 年 8 月遷移到東邊街以西，2017 年 8 月，港鐵西營盤站啟用後數年，原有東邊街西行站再次興建新車站。

路線牌

早期電車目的地牌是放置車頭，1911 年起電車車頂兩端裝有黑底白字的路線牌，比現在的闊，字體也較現在的大。主要有：堅尼地城、屈地街、上環街市、書信館（舊郵政總局）、銅鑼灣、愉園 / 跑馬地、名園 / 七姊妹、鰂魚涌、西灣河及筲箕灣。

1927 年電車兩旁加裝側面路線牌，以迎合當時電車未有車門及乘客見車就蜂擁而上的習慣，戰後電車才劃一分為車頭、車尾及左邊 3 個路線牌，70 年代取消等級制後側牌逐步改為尾門旁邊，讓乘客車尾上車時看到目的地。

現時電車主要使用的路線牌共有 9 個，以紅、黃、藍、綠四種顏色標示，遇上突發事故如更換路軌、改道等，會使用特別的路線牌。

「愉園」源自 1903 年在快活谷開業的愉園遊樂場，是當時首個公眾娛樂場所，設有中式花園亭台、動物園及歌舞表演，吸引不少遊人前往，電車亦加開愉園班次，可是 1918 年 2 月 26 日馬場發生了一場逾 600 人喪生的大

✧ 舊跑馬地路線牌。

✧ 舊北角路線牌。

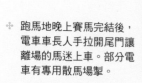

✧ 跑馬地晚上賽馬完結後，
　電車車長人手拉開尾門讓
　離場的馬迷上車。部分電
　車有專用散馬場掣。

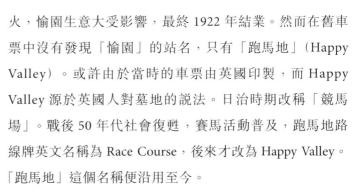

火，愉園生意大受影響，最終 1922 年結業。然而在舊車票中沒有發現「愉園」的站名，只有「跑馬地」（Happy Valley）。或許由於當時的車票由英國印製，而 Happy Valley 源於英國人對墓地的說法。日治時期改稱「競馬場」。戰後 50 年代社會復甦，賽馬活動普及，跑馬地路線牌英文名稱為 Race Course，後來才改為 Happy Valley。「跑馬地」這個名稱便沿用至今。

「名園」是北角的舊名稱，昔日是港島最北的地區，填海前是一個海角，1913 年電車開辦前往七姊妹泳場路線，1918 年名園遊樂場開業，及至戰後北角區發展，車票上及電車路線牌都先後使用七姊妹、名園和北角，但英文版一直為 North Point，或許跟其地理環境有關。戰後電車初期仍使用七姊妹、名園路線牌，不久改為北角。

什麼是「散馬場」？

每逢賽事於跑馬地舉行，電車會有俗稱「散馬場」的安排。車長會人手操作右邊車尾門，部分柚木電車裝有三等（車尾）右門開關掣，方便馬迷離場。而鋁製電車陸續裝有散馬場專用門掣。

❖ 電車在中環人手調頭的情形。

特殊情況使用的路線牌

惡劣天氣警示牌

1961 年 5 月 19 日及 1962 年 9 月 1 日，香港先後經歷了戰後以來最強的兩股颱風「愛麗斯」及「溫黛」的正面吹襲，十號風球下，電車全線停駛。當時電車公司依靠香港天文台發布的最新消息調動車務，後來電車公司認為，在颱風來襲前提早發布小輪停航的消息對市民有正面幫助，於是採用紅色的 Ferries May Stop（小輪將會停航）和藍色的 Ferries Have Stopped（小輪已經停航）。80 年代香港仍受到一定數量的颱風吹襲，上述的警示牌分別改為「三號強風訊號」(Strong Wind Signal) 和「八號颱風訊號」(Typhoon Signal Hoisted)。

賽馬暫停牌

約 70 年代當沙田馬場舉行賽事時或跑馬地賽事取消，便會使用「是日賽馬暫停」(No Races Today) 以通知馬迷，另外 80 至 90 年代左右的降雨量頗高，跑馬地馬場經常出現水浸，賽馬暫停牌亦用作通知馬迷。

上述特別牌只會顯示在下層左邊車身，而且必須經當值稽查員的指示才能改動。

調頭處使用的路線牌

早期電車用作調頭位置已不可考，戰前中環書信館附近有一處，80 年代移到近中環街市，如使用會顯示「中央市場」。現時全線有以下 9 個調頭位：

1. 堅尼地城近爹核士街
2. 石塘咀城西道近屈地街電車廠

3. 「西營盤」（正街及東邊街之間）

4. 「中環」（德輔道中置地廣場）

5. 「金鐘（地鐵站）」（金鐘道高等法院對開）

6. 「灣仔」（莊士敦道近分域街）（舊稱「灣仔教堂」）

7. 「維多利亞公園」（銅鑼灣高士威道近中央圖書館）

8. 北角英皇道近糖水道

9. 「鰂魚涌」（英皇道濱海街近太古坊）

2011 年新車面世後，上述調頭用的顯示牌亦改為電子版。

彩色路線牌

　　戰後沿用的白底黑字路線牌在 1998 年左右停用，改為以四種顏色、七種標示，分別是藍底黃字的「筲箕灣」和「上環（西港城）」、紅底黃字的「北角」和「石塘咀」、綠底黃字的「跑馬地」和「堅尼地城」、及黃底紅字的「銅鑼灣」。新的側牌改為附有數字代碼 1 至 9。彩色路線牌除了 120 號仍在使用外，隨着新型鋁製電車使用 LED 電子顯示牌以及柚木電車退役後，逐步停用。

不載客及回廠牌

　　早期不載客的電車路線牌會顯示「私家車」（Private Car），戰後改為「私用」（Private），多見於 70 年代提供私人租賃的電車。1985 年構思旅遊電車時，建議使用的站名有三個：旅遊電車（Tour Tram）、電車宴會（Tram Party）、私人租用（Private Hire）。1986 年第一部旅遊電車 28 號使用「旅遊電車」（Tour Tram），同年完成翻新的 143 號則使用「私用」（Private Hire），或許為了避免和旅遊電車性質混淆，於是將 Private Hire 配對為「私人租用」，而「私用」的顏色亦由黑底白字改為白底黑字。1998 年新的顏色路線牌啟用後，「私用」改為「暫停載客」（Not In Service）。當電車進

行試車、壞車或用作培訓電車車長時,便會顯示「暫停載客」。

　　而電車收車使用的「回廠」牌,戰前英文為 Depot Only,後來改為 Depot。霎東街車廠停用前,回廠的電車會在波斯富街近勿地臣街口落客。1989 年新屈地街和西灣河電車廠落成啟用後,「回廠」牌仍然繼續使用,直到 1998 年顏色布牌的出現,用作區分兩廠的路線牌「屈地街電車廠」和「西灣河電車廠」正式取代了舊「回廠」牌。

1905 年香港電線車公司班次時間表

		頭班車	尾班車
東行			
堅尼地城至銅鑼灣	（5 分鐘一班）	7:30	23:00
堅尼地城至跑馬場	（16 分鐘一班）	7:36	18:00
銅鑼灣至筲箕灣	（18 分鐘一班）	7:00	22:18
西行			
銅鑼灣至堅尼地城	（5 分鐘一班）	6:50	22:30
跑馬場至堅尼地城	（16 分鐘一班）	6:56	18:40
筲箕灣至銅鑼灣	（18 分鐘一班）	7:36	22:54
跑馬日特別班次（星期日除外）			
香港大酒店開出	（15 分鐘一班）	6:00	
跑馬場開出		8:00	

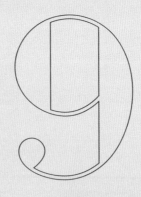

電車路線

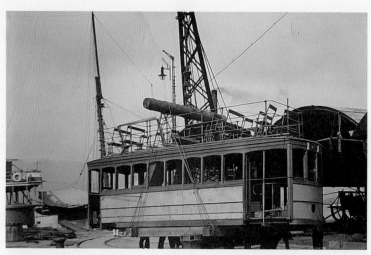

✤ 1912 年一部開篷雙層電車
由岸邊準備吊上電車軌。
張順光

181　　Morrison Hill road, Hongkong

✤ 約 1915 年摩利臣山道，遠處一帆布頂電車從跑馬地駛來。
Bob Appleton

貫通港島東西的電車路軌，軌距 1,067mm（3 呎 6 吋），是世界上最窄的軌距之一。這條實際上只有一條的電車路線，東起筲箕灣，西至堅尼地城，全長 13.5 公里；連同環繞跑馬地馬場的 2.6 公里，全長約 30 公里。從早期的單軌到戰後改為雙軌，從貼近海岸線到填海發展後遠離海岸線，「電車路」是見證香港島發展進程的主要標誌。

1. 電車路軌的鋪設及完工

第一階段：1903 年 5 月電車路主要由一班苦力負責興建，由於原材料由英國運輸到港需時，鋪設路軌的工程只能分階段進行。1904 年通車初期只有跑馬地、銅鑼灣至軍器局街，以及銅鑼灣至筲箕灣三條路線。

第二階段：軍器廠街以西因需要解決複雜的水利工程未能及時開通，約兩星期後軍器廠街段完成，電車服務全面涵蓋堅尼地城至筲箕灣。

根據車票上的分站，總共分為三段：(1) 堅尼地城、屈地街、永樂街；(2) 書信館、軍器局街、鵝頸／銅鑼灣；(3) 跑馬場、覓得波酒店、新船澳、筲箕灣。

2. 跑馬地線的延長

初期往跑馬地的電車是由軒尼詩道（Hennessy Road）轉入寶靈頓道（Bowrington Road），接摩利臣山道（Morrison Hill Road）的雙軌到黃泥涌道黃泥涌村（Wong Nei Chong Village）附近的總站。1913 年 5 月 8 日，政府

✤ 約 30 年代環繞全個跑馬場的跑馬地電車軌。

✤ 堅拿道及摩利臣山道舊出廠路軌。

✤ 馬匹經電車路返回馬房。

批准跑馬地延長線，由原有黃泥涌道（Wong Nei Chong Road）伸展到大約今天的跑馬地總站位置，於 1914 年 2 月啟用。這條單軌延長線便於乘客前往快活谷馬場（Racecourse）、愉園遊樂場（Yue Yuen）（今天的養和醫院）及黃泥涌道以西的墳場。

1922 年 11 月 7 日，電車公司向政府申請延長跑馬地線，同年 12 月政府批准延長約一公里的路軌環繞整個馬場，當局要求電車公司在施工期間，確保不會對當時進行海旁東填海計劃（Praya East Reclamation）中，用作運輸砂石的卡車造成影響。1928 年摩利臣山道的雙軌改為單軌。1929 年 7 月 20 日起，往跑馬地的電車不再由寶靈頓道駛入，改為由堅拿道東（Canal Road East），經禮頓道（Leighton Hill Road）轉入黃泥涌道圍繞馬場，再經摩利臣山道、天樂里轉出軒尼詩道。羅素街電車廠完成擴建後，改行波斯富街，就是現時的跑馬地線。位於堅拿道東及禮頓道一段，仍可見到部分昔日電車出廠路軌。

每逢跑馬地賽事或馬匹完成操練後，在警察指揮下，馬匹會由馬場員工帶領橫過電車軌回山光道馬房。1978 至 1982 年期間，因應堅拿道天橋（香港仔隧道段）的工程，跑馬地以西由黃泥涌道、摩利臣山道至天樂里的電車軌進行大規模改動。

摩利臣山道，新舊軌道相距甚遠。

黃泥涌道（近馬場看台）。

舊路段

今天路段

舊天樂里段及興建中的新軌。

✤ 1978 年電車途經施工中的香港仔隧道。

✦ 20 年代電車橫過寶靈頓橋。

✦ 50 年代填海後的高士威道。

3. 銅鑼灣以東雙軌行車

　　早期銅鑼灣總站位於大坑道附近，是乘客主要轉車站之一。銅鑼灣以東至筲箕灣是沿海地區，路面較窄，往筲箕灣的電車需要在盡頭處調頭作單軌雙程行車，其後政府實施擴闊路面工程，1924 年電車公司獲得當局批准將銅鑼灣以東路段改為雙軌。當中橫跨寶靈頓運河、俗稱「鵝頸橋」的寶靈橋，1925 年由電車公司出資將橋面擴闊便於鋪設雙軌。1927 年鰂魚涌至筲箕灣雙軌率先通車。

　　1935 年至 1936 年間當局夷平天后一帶若干山崗，將舊筲箕灣道闢建新的英皇道（King's Road），並鋪設兩條電車軌，工程完成後，電車不再經電氣道而改行英皇道。另一方面，銅鑼灣高士威道（Causeway Road）路面在戰後擴闊重建，1947 年重新鋪設雙軌，在物資延期運抵的情況下，1948 年才告完成。

✛ 電車在雙軌的英皇道行走，儼如電車專線。
T.V. Runnacles

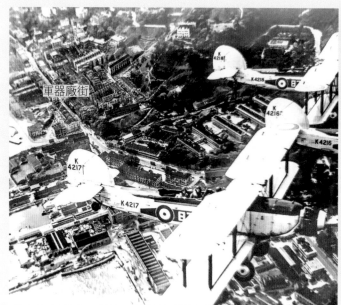

軍器廠街

✤ 1935 年海旁東向高望，電車轉入軍器廠街。灣仔填海後，現時電車轉入莊士敦道。

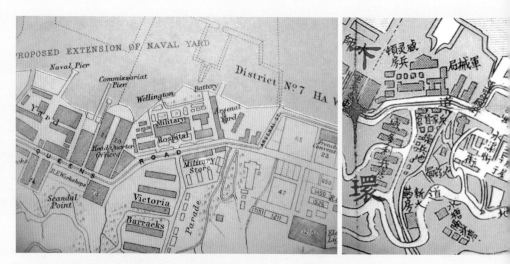

✤ 1907 年的地圖顯示金鐘兵房附近的死亡彎角，前方轉入軍器局街便是海旁東。
　 而 1937 年的地圖軍器廠街轉入後已連接莊士敦道。

4. 海旁東（灣仔）

灣仔早期稱為「海旁東」（Praya East），電車經過金鐘兵房後會轉入軍器局街兩個接近 90 度的大彎後進入海旁東（即現在莊士敦道）。軍器局街與大道東交界有一間日資公司大佛洋行（Daibutsu），俗稱「大佛口」。

1921 年 11 月海旁東填海工程展開，1929 年 5 月完成。隨後該區進行發展，將舊軍器廠拆卸，建設海員俱樂部和旅館，以及 1936 年落成的循道衛理堂。1938 年電車公司開築新路軌，將舊軍器廠街起的一段拉直，連接莊士敦道和軒尼詩道。灣仔新路啟用後，電車駛經軍器廠街不再需要轉一個大彎而可直行莊士敦道。

改道後電車由莊士頓道轉入軒尼詩道可謂暢通無阻。原有鵝頸橋下的運河延伸到新填海區，直到 60 年代才被覆蓋。今天的鵝頸橋並非橫跨的堅拿道天橋而是軒尼詩道一部分，電車駛過橋底時的一小段拱形路段便是昔日過橋的痕跡。

另外，據 1967 年 3 月 7 日《明報》報道，60 年代政府曾經有意將電車軌由莊士敦道改為由軒尼詩道直駛，假若成事的話，電車東行不必再轉入莊士敦道而可一直沿軒尼詩道行駛，或者可大大改善現時莊士敦道沿線路口人多車多，造成的擠塞現象，甚至減低交通事故的情況。

✤ 現時電車駛過堅拿道天橋底的一小段拱形路段，便是昔日電車過橋的歷史痕跡。

港府發展道路計劃新猷

灣仔電車改道

路綫拉直後市面行車速率普增
何時實施有待客觀配合

（本報專訊）交通富局為改善灣仔之電車交通，早已傳聞電車在灣仔實行改道，終歸有輕打算，由此可見灣仔莊士敦道將為電車將來行走之一段，亦改為經由軒尼詩道鋪設，已在港府發展道路計中有此間傳而已。

尼詩道，此路綫乃繞海前所訂下之路，故不得不沿着彎曲之馬路前進，如路綫改線，則需至今日，灣仔增加若干大路段，故該段馬路綫實乃有改善之必要，目前之電車路綫，由大道東入灣仔區後，即折向莊士頓道，一直駛到茂蘿街然後轉入軒尼詩道，當時灣仔東兩旁大馬路，尤其是莊士頓道及大道東兩旁繁盛，到茂蘿街轉入軒尼詩道乃專為之事也，尼詩道交界處之交通燈指揮，行人行人往來莊士頓道而一直沿

目前之電車路綫，由大道東入灣仔區後，即折向莊士頓道，一直駛到茂蘿街然後轉入軒尼詩道，當時灣仔東兩旁大馬路，尤其是莊士頓道及大道東兩旁繁盛，到茂蘿街轉入軒尼詩道乃專為之事也，車輛往來較為安全利便。

路，尤以是軒尼詩道蓮林明道交界處之交通燈指揮，行人行人往來莊士頓道而一直沿

❖ 灣仔電車改道計劃。
《明報》，1967年3月7日

軍器廠址一部已拆平

電車公司將鋪設新軌

新軌完成後行車時間減少五分鐘
屆時莊士敦道全段路軌將告撤除

本港銅鑼灣已日趨繁榮，交通建設，亦與時俱進，港府為使本港中東兩端相接，以資相互發展起見，月前遂將軍器廠街之舊舖拆卸，有所聯晴顯，亦趨勢委，奔該地點為局布中交通孔道，赤商易來近已完竣，地下又接在該地地閘建新路軌，據該公司高級職員稱，一俟該地段路軌完竣，其路綫將由軍器廠街起，詣至尼詩道，日當間可與工，將來新軌敷完成後，則東復來往車時間，可減少五分鐘，本港中西人士，僉覺感便利，以今為，至軒尼詩道廣告一段，是有路軌一段，則俟新路軌完成實行車後，即行撤除云云。

50年代灣仔軒尼詩道東望。

✤ 高角度俯瞰軒尼詩道電車路。

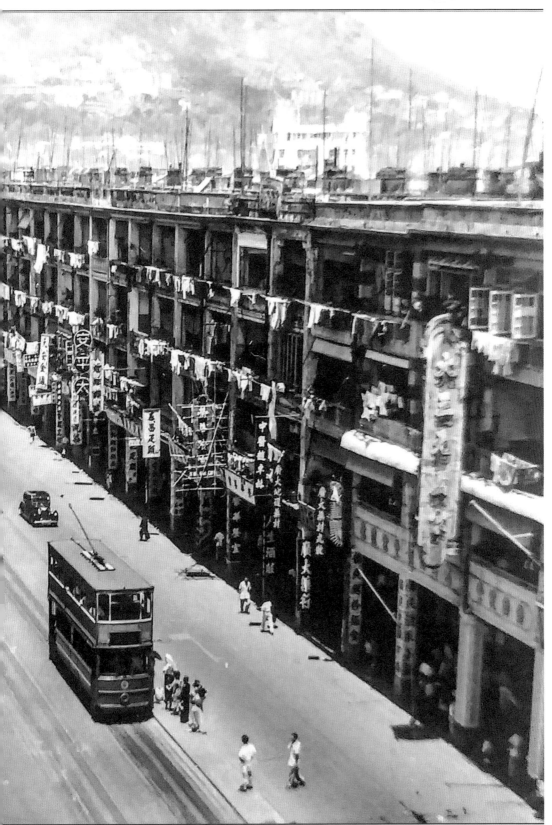

TRAM EXTENSION.

SHAUKIWAN VILLAGE IN FESTIVE MOOD.

VILLAGE ELDER OPENS NEW TRACK.

An extension of the tramway route from the Shaukiwan terminus further into the village was the occasion for much rejoicing on the part of the *kaifongs*, when cars ran over the new track yesterday.

Tramcar No. 75 was selected for the opening ceremony which was performed in the presence of the Hon. Mr. B. D. F. Beith (Chairman of the Directors, Hong Kong Tramways, Ltd.), Mr. L. C. F. Bellamy (General Manager), Mr. V. Walker and other officials. The vehicle carried the Nationalist flag and the Union Jack, and cushions were laid on the lower deck seats for the village elders, who showed great interest in the proceedings.

At 10.30 a.m. yesterday, Cheung Fung Yee, the chief of the elders, performed the opening ceremony by driving the car over the new track under the direction of Mr. W. S. Glendenning. As the car started, fire crackers were let off along the route to the accompaniment of yells from the village urchins who made up a large part of the procession of several hundreds. Adjoining the new terminus was a small shop which was specially decorated for the occasion and laid out with refreshments. The visitors were entertained here by the elders.

❖ 早期筲箕灣只有一條單軌，
演變成今日的迴圈總站。
Steve Guess

✤ 1929 年筲箕灣延長線通車舉行啟用儀式。
Hong Kong Daily Press, 13 August 1929

5. 筲箕灣總站

　　早期的筲箕灣總站位於柴灣道附近的渡線（昔日是避車處），只有一條單軌，乘客如在銅鑼灣等候筲箕灣電車需要較長時間，1924 年電車公司管理層已向媒體透露計劃開闢銅鑼灣筲箕灣雙軌，1927 年 10 月政府批准銅鑼灣至筲箕灣鋪設雙軌，1928 年 12 月 11 日電車公司向政府申請興建一條約 400 米的延長路軌至筲箕灣村（Shaukeiwan Village），以及北角至鰂魚涌一段增設 3 個避車處，1929 年 1 月 24 日獲得批准。1929 年 8 月 12 日筲箕灣延長線開通，當天安排一位筲箕灣村代表駕駛 75 號電車進行啟行儀式，熱鬧情況媲美 1904 年電車通車。自此筲箕灣電車可以直達上環街市，乘客轉車無須再像從前由車尾繞到車頭倒轉坐，對頭等乘客而言十分方便，這便是現時位於筲箕灣東大街的筲箕灣總站迴圈（Shaukeiwan terminus loop）。

✦ 80 年代筲箕灣總站。
John G. Lidstone

✤ 1953 年北角電車總站啟用。
　《工商日報》，1953 年 12 月 21 日

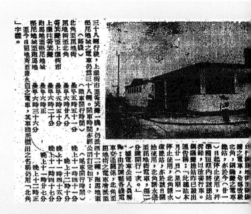

✤ 北角糖水道電車總站毗鄰街市，是其中一個最繁忙的電車站。

✤ 1967 年銅鑼灣總站重新鋪
　設路軌施工中。
　Douglas Beath

北角糖水道電車總站

今日啓用

各線頭尾車新訂開行時間

6. 北角及銅鑼灣

1913 年電車開辦七姊妹泳場專線反應理想，1918 年名園遊樂場開幕，在報章的宣傳廣告以「電車直接　利便非常」作招徠，促進北角一帶地區活動及人口發展。戰後麗池至發電廠的北角區開始進行填海，同時大量外省人士為逃避國內戰亂而來港，不少國內商家進駐北角開設餐館、舞廳等，並多選擇在北角定居，因此北角有「小上海」之稱。戲院、夜總會等娛樂場所紛紛開張，刺激人流到來，電車需求自然增加。1953 年電車公司興建北角總站，位於糖水道明渠需改建為暗渠才能鋪設路軌，工程浩大。

1953 年 12 月 21 日，北角糖水道新總站啟用，取代了銅鑼灣總站，以舒緩東區人口增加及加強往筲箕灣電車的班次。1955 年銅鑼灣迴旋處路軌被移除。其後銅鑼灣不斷發展，電車公司於 1967 年在原有的迴旋處鋪設新路軌，並把迴圈彎度拉大，以便拖卡經過。1967 年 3 月 20 日銅鑼灣總站重新啟用。

❖ **1989 年銅鑼灣電車總站。**
　Tim Moore

✤ 1982 年拖卡電車轉入銅鑼灣總站。
Richard Cripps

✤ 域多利兵房附近的死亡彎角。

✤ **1978 年金鐘道旁的舊彎角路軌。**
T.V. Runnacles

✤ 80 年代初筲箕灣道西行擠塞情況。

7. 金鐘道

　　舊時金鐘道未拉直前稱為皇后大道，兩旁設有美利（Murray）、域多利（Victoria）和威靈頓（Wellington）三座軍營。「金鐘」一名的起源，來自威靈頓軍營內一座大樓頂端有一個金色的時鐘。電車駛經域多利兵房附近的一個彎角需要特別留神，此處有「死亡彎角」之稱。

　　1964 年 4 月 12 日晚上，這裏發生了首宗電車翻側意外，其後該路段接連發生多宗意外，引起公眾及當局關注路段安全。1975 年政府決定將「死亡彎角」拉直，新路軌於 7 月通車，成為今日的金鐘道。這段金鐘道路軌兩旁都有圍欄，故不受其他車輛影響，可說是電車專線（Tram Lane）。

8. 英皇道東行路軌北移

　　自英皇道通車以來，促進北角區的急速發展，70 至 80 年代初，交通流量增加，西行線經常出現擠塞，當局曾經實施二十四小時電車專線，在電車軌上標上「只准電車使用 Tram Only」的字眼，並將部分路面用作巴士專線，試圖改善交通擠塞，但卻令大部分車輛擠在非專線的路面，加劇了擠塞情況。

　　1982 年當局將英皇道天后至北角，及西灣河太安樓對開的東行電車軌北移，以騰空多一條西行車線，北角總站界乎北角道至糖水道的一段路軌亦需要重置，整項工程於 1982 年底完成。自此東行電車改行新東行路軌，西行電車改行原有東行路軌，舊有西行電車軌停用。東區走廊通車後，西行車輛得以右轉出東區走廊，英皇道擠塞問題逐步改善。90 年代英皇道重鋪路面後，廢棄的西行路軌才被拆除。

✦ 西灣河太安樓附近，右邊是停用的西行路軌。

✦ 北角繁忙的春秧街，是全港唯一一個有電車駛過的露天市集。

✤ 160 號行的是舊路面路軌，而 116 號的位置，在右邊的新東行線使用
前，是向東行的。今天已是西行方向了。
當時北角總站段 **A** 和調頭處 **B** 也要重置，所以曾出現兩個調頭位的情況。

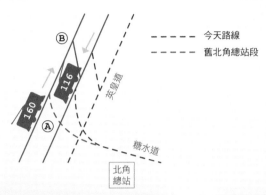

— — — — 今天路線
- - - - 舊北角總站段

❖ 1986 年康山道開通後，亦曾經出現新舊路軌同時使用的情況。

舊東行線
舊西行線
今天路線

往筲箕灣

太古城

41

156

英皇道

康山花園

康山道

往北角

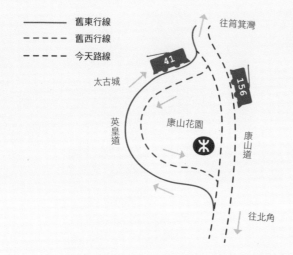

❖ 1957 年太古船塢附近路面坍塌，電車改為單軌雙程行車。
Dennis Beath/Online Transport Archive

9. 太古康山新路

早期的筲箕灣道較為荒蕪,電車沿海岸線行走,1907 年太古船塢在此落成。1929 年電車公司開辦一條由卜公碼頭至太古船塢的巴士路線,方便前往船塢工作的員工,太古船塢於 50 年代為「戰後電車」建造的基地之一,毗鄰的英皇道是一個大彎路,上斜和落斜的幅度較大,拖卡無法行走。1973 年船塢遷往青衣(即今日的聯合船塢),原址發展成康山及太古城等住宅區。

1957 年 5 月,英皇道近太古船塢一段發生路面坍塌,部分東行線停用。電車公司築起一條渡線(crossover)實施臨時單線雙程行車。東行電車經西行路軌準備經過前面的渡線接回東行線。

1986 年因應地鐵港島線工程,太古城對上的康山被夷平,政府在新開拓的平地興建一條新路,同時鋪設電車軌,即今天的康山道(Kornhill Road)。通車初期只得西行電車行走,東行電車依舊行走英皇道。直到 1987 年底新東行路軌完工,東行電車不再經英皇道而改行康山道。

✤ **1977 年電車往筲箕灣途中。**
T.V. Runnacles

✤ 1980 年西行電車在太古爬坡中。
　T.V. Runnacles

✢ 1978 年中環德輔道中一帶新舊路軌交替。配合地鐵港島線工程。
T.V. Runnacles

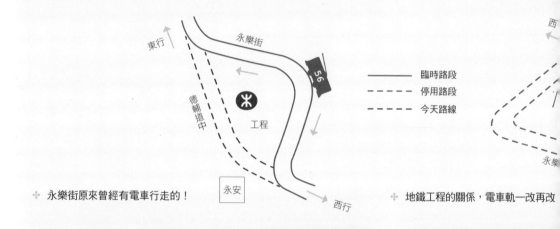

東行　　　永樂街

德輔道中

㊗　工程

永安

西行

—————　臨時路段
- - - - - 　停用路段
‑ ‑ ‑ ‑ ‑ 　今天路線

西

永樂

✢ 永樂街原來曾經有電車行走的！　　　　　　　✢ 地鐵工程的關係，電車軌一改再改

10. 中環至上環的路軌改動

1977 年至 1982 年間因應地鐵港島線車站地底工程，中環德輔道中至上環方向的電車軌進行多次改動，由於工程需要掘開大面積的路面，電車軌由本來的中間位置移向兩邊，途經的巴士亦和電車軌共用，因此該段路面出現新舊路軌交疊的情況。

昔日上環路線的西行電車如要改為東行，需要在總站對開的渡線調頭，1927 年電車公司申請在摩利臣街（Morrison Street）加設右轉彎軌，這樣電車便可經此段連接東行線。

1982 年上環地鐵站的工程令電車需要臨時改行永樂街（Wing Lok Street）。1985 年至 1987 年間上環街市對開的電車軌進行重整，摩利臣街和急庇利街由單軌改為雙軌，電車曾經臨時經摩利臣街轉入德輔道中，當局設計了一條剪形渡線（scissors crossover），以用作堅尼地城至上環短途線。後來其中一邊的渡線取消，成為今天的模樣。

✤ **1984 年電車途經興建中的匯豐銀行總行。**

✤ 由於新路軌尚未完工，148 號改為靠近行人路旁行走。

✤ 附圖所見，8 號便是由摩利臣街駛入德輔道

✤ 從另一角度看，122 號剛從摩利臣街轉入德輔道中。

✤ 同一路軌的電車，行走方向明顯和當時相

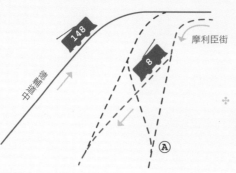

✤ 其所經的剪形渡線（scissors crossover），
是唯一一次應用在電車軌上。隨着該處調頭方式
簡化後，剪形渡線 A 段亦取消了。

✤ 原來摩利臣街曾經是電車雙向行走呢！

✤ 今天的摩利臣街，已是東西行電車的分水嶺。

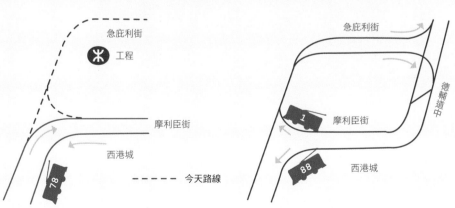

✤ 1989 年至 1995 年屈地街電車出入廠路段變化。
T.V. Runnacles

11. 電車廠路段及屈地街（石塘咀）總站重整

　　1989 年電車廠由霎東街遷移至屈地街期間，原有的屈地街總站停用拆卸，新鋪設出入車廠的路軌，後來配合四號幹線工程，該路段進行大面積填海，1995 至 1996 年期間電車出入廠路段亦向西移，電車軌大幅度重整後，新石塘咀總站亦啟用。

12. 堅尼地城吉席街重整

　　自 70 年代部分西環巴士線使用爹核士街，和電車共用路面，為了改善擠塞情況，1995 年堅尼地城吉席街電車軌重置，總站由加多近街近堅尼地城屠房搬到吉席街（今泓都），西行路軌南移並將吉席街調頭夾口拆除，以擴闊東行車線，調頭夾口向東移至近爹核士街路口。

　　同一時間堅尼地城海旁進行填海，昔日沿海電車路逐漸消失，現時加多近街轉入吉席街一段的路口還有僅餘的海旁景色。

✤ 1979 年堅尼地城吉席街電車停站上客。
T.V. Runnacles

✤ 1988 年堅尼地城海旁的電車。

✤ 堅尼地城加多近街的電車路，現時仍能看到對面海。

✥ **1995 年堅尼地城吉席街路軌工程。**

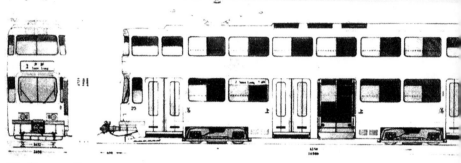

The Transport Department's development of the TMNTTS car, now with four sets of double doors.
(Transp

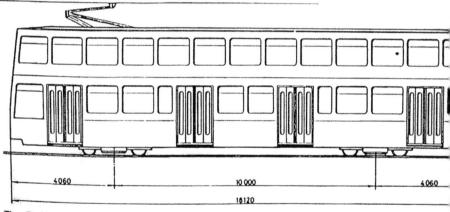

| 4060 | 10 000 | 4060 |

18120

The Electrowatt double-deck concept, which lost out to the single-deck rival in the consultant
(Electrowatt Engineerin

✣ 構思的屯門現代化電車。

曾經構思的電車路段

香港仔電車線

　　1906 至 1910 年期間，意大利商人 Chervalier R. Pescio 曾經多次向政府建議開辦一條來往維多利亞城至香港仔的電車路線，需要建造一條長 2,100 碼的隧道。Pescio 深信該區空氣清新，沿電車線建造樓房具發展潛力，他於四年內先後向政府提出了三次，1909 年更動用意大利領事希望通過計劃，可惜都被政府否決。

新界電車系統

　　1972 年 8 月電車公司致函政府建議屯門及沙田新市鎮興建現代化電車，政府諮詢多方專業意見，評估以何種交通運輸模式營運，其後屯門新市鎮交通研究（Tuen Mun New Town Transport Study, TMNTTS）提議興建一條長 17.8 公里的輕便鐵路系統延伸至元朗，1978 年電車公司母公司九龍倉集團表示有興趣營運，聘請瑞士顧問 Electrowatt 設計車身，同時運輸署設計四門兩軸的雙層車身，不過在雙方未能達成共識下，電車公司 1983 年放棄計劃，1985 年由當時的九廣鐵路公司發展輕鐵系統。

柴灣延線

　　目前電車路最東端只到筲箕灣，柴灣道的斜度不適合電車行走。不過據 1964 年 3 月 19 日《工商晚報》報道，60 年代電車公司曾經考慮將電車線延長至柴灣，未有獲得當局回應。其後發表的交通研究報告主要集中在鐵路系統，部分提及升級電車系統。

✤ 曾預留的中環至灣仔海旁電車線。
T.V. Runnacles

電車公司與當局洽商
筲箕灣綫伸延至柴灣

【本報訊】由港島西端伸展至筲箕灣之電索軌，可能再延至柴灣，如獲政府同意。

電車公司董事長昨在年會透露：公司已向電車申請延長路綫，以期促進柴灣之發展，但未獲切實之同意。

公司當局表示，由於政府尚未批准此之問題，故此計劃何時實現，目前不能作答。

但指出，柴灣區之車軌，其坡度係較高，尚無電車當試行。

一旅澳洲香港華人
請求繼續居留被拒

【本報訊】路透壯抃十八日電，澳洲一以遊客身份，而其身份證顯示有簽居港。口拒經香港人梅票。

與少年人隔別其母不同。此係一成熟之日婚男子，當其以遊客觀光性質，醴足澳洲九四五年倍厚子到港。之母張夫人（生於籍洲星期四島）將不會與張苹利結婚。

一九六一年赴澳時保時已年約廿七歲，祇作妹照料。

英籍留于本港，惹身返澳，一九五五年在零梨論及楊之母張李利。

妹照料。張夫人之首任丈夫于歌時殉職，退于一九五一年將兩子隻港逗留三個月。吳留手本港，惹身返澳，一九五五年在零梨。

✤ 電車伸延至柴灣的計劃。
《工商晚報》，1964年3月19日

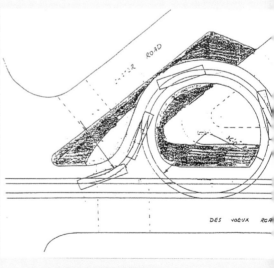

✤ 80年代構思的中環遮打道迴圈。

前運輸署總運輸主任溫禮高（T.V. Runnacles, Chief Transport Officer）於 1988 年 9 月發表的研究報告摘要如下：

- 1967 年一份"Hong Kong Mass Transport Study"（MTS）首次建議興建柴灣延長電車線。

- 1976 年政府委託顧問 Wilbur Smith and Associates 發表"Hong Kong Comprehensive Transport Study"（CTS）的交通研究報告，提出興建繞道改善交通，又認為若電車軌和其他車輛配套改善將能帶來百分之五十增長的交通流量。

- 1977 年 3 月電車公司提交現代化電車計劃（Proposal for a modernised tramway system），擬和德國 Duwag 合作建造新型雙層電車，預期可行走柴灣延線。

- 1977 年 4 月運輸署交通研究部（Traffic and Transport Survey Division, TTSD）委託顧問 Martin and Voorhees Associates 發表 Island Corridor Study（ICS），建議將電車系統改為集電弓（pantograph）以升級至輕軌水平（light rail transit standard），並建議地下鐵路公司收購電車，以更快、載客更多的電車系統取代。

- 1978 年發表 Island Corridor Strategy Implementation Study（ICSIS）建議電車軌距改為接近標準軌距的 1,432mm。

上述計劃隨着 1980 年地鐵港島線興建而沒有落實。

✤ 電車路名義上是一條電車專線。

其他路線計劃

另一方面電車公司亦構思在多區興建電車支線，包括：

1. 1986 年計劃中環天星碼頭至灣仔的海旁電車線
2. 1988 年在薄扶林近數碼港興建港島南電車線
3. 1990 年在堅尼地城以西的青洲填海西行延長線
4. 1991 年在西灣河鋪設延長線通往愛秩序灣
5. 2013 年啟德發展區興建現代化電車
6. 洪水橋、古洞等新發展區引入現代化電車

此外 80 至 90 年代，電車公司曾經構思在中環、灣仔、北角等增設迴圈。

電車路的跨時代意義

追溯到十九世紀光緒年代的舊報紙，當時的地址寫法以街名和門牌號碼組成，例如德輔道門牌 26 號，到了約 1914 年一間西式餐廳在報章刊登開業告白時，開始以「電車路」來描述其地址的一部分，1919 年（即一戰結束的年份），電車每年的載客量超過 1,000 萬人，1963 年更錄得接近 2 億的歷史高位，社會需求極大，「電車路」的寫法越見普遍，50 年代有酒樓的地址用「銅鑼灣電車路」來表達，中環占飛百貨的冬季服裝宣傳更直接用「香港電車路」來表示其地址。電車路在市民心目中逐漸建立了一個鮮明易記的形象，時至今日，對於不熟悉港島路面的朋友，大可告訴他們無須慌張迷路，只要見到電車或電車路，一來一回同時代表一束一西，很容易找到要去的地方和方向。

10

電車廠

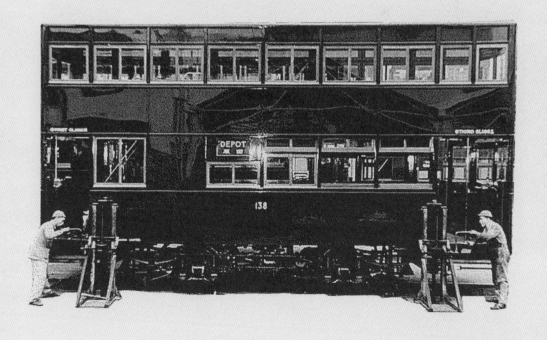

✤ 1904 年由寶靈頓運河南望電車
　廠發電站，兩支高 153 呎以花
　灰漿建造的煙囪清楚可見。
　　　　　　　　　　英國國家檔案館

✤ 1904 年的羅素街電車廠，廠房以
　鐵蓋和透氣窗組成，設有六條車
　坑，可停放 35 部單層電車。
　　　Street Railway Journal,
　　　　　　　　　　　　1905

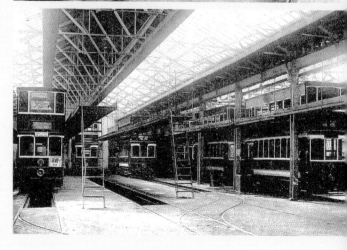

✤ 1929 年的羅素街電車廠，大部分
　停泊的是密封式雙層電車，仍有
　少部分是未更換密封車身的木頂
　雙層電車。

　　　　　　　　　John Prentice

要全面照顧 160 多部電車，確保其每天正常運作，電車廠具有至關重要的任務。歷年來的電車廠大部分時間位於銅鑼灣的核心地帶，曾經歷電車工潮，今天成為人流密集的大型購物商場——時代廣場。電車廠是電車建造和維修保養的重要基地，也是唯一讓公眾深入認識電車運作的理想地方。讓我們坐上時光機回到百多年前的電車廠看一看吧！

羅素街電車廠（Russell Street Depot）【1904–1951】

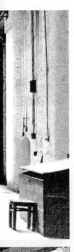

早期的電車廠位於寶靈頓運河旁，被勿地臣街、羅素街、堅拿道東和霎東街四面包圍，共有 6 條車坑，可停放 35 部電車。廠房內設有木工部（carpenter shop）、髹漆部（paint shop）和寫字樓。發電站（generating station）由電機房（engine room）及地庫的蒸汽房（boiler house）組成，選址在寶靈頓運河（Bowrington Canal）旁邊，提供了充足的水源和煤，維持電車的供電系統運作。

早期的電車廠只有兩個出入口，電車入廠時，是從軒尼詩道的交匯處倒駛入波斯富街，再進入車廠的。後來電車數目增加，車廠的入口亦增加至 7 個，最多可容納 90 部電車。

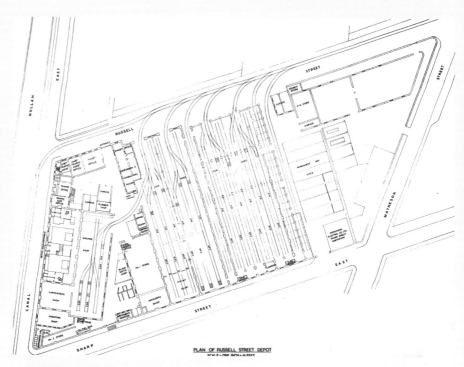

✤ 羅素街電車廠平面圖

✤ 1938 年至 1955 年期間使用的北角車廠，入口位於電照街。
John Prentice

1922 年電車公司終止自行發電，向香港電燈有限公司購電，至今依然。原址的發電站改建成新的機器部（machine shop）和髹漆部（paint shop）、員工報到室和寫字樓等。電車公司亦發覺倒駛入廠對車長和乘客構成不便，於是將軒尼詩道和波斯富街的交匯處改良，羅素街的一段延長連接堅拿道東，電車入廠無須再倒駛，可直接經堅拿道東出廠。雖然電車入廠變得順暢，但是出廠仍然需要倒車，在早上的繁忙時間該路段經常出現擠塞的情況。

✥ **1978 年電車出廠駛出堅拿道東。**
T.V. Runnacles

北角車廠（King's Road Depot）【1938-1955】

30 年代電車數目已超過 90 部，車坑雖然增加至 15 條，但車廠顯然已達到飽和，於是電車公司 1932 年購入北角英皇道一幅地皮用作興建另一個車廠，1938 年落成啟用。北角車廠跟羅素街電車廠一樣，電車需在電照街的交匯處倒駛入廠。車廠共有五條車坑，可停放 30 部電車，不過主要維修依然在羅素街電車廠進行。

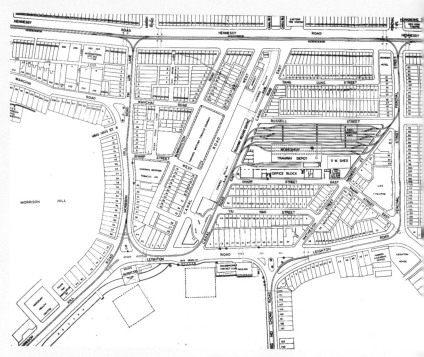

❖ 約 1960 年代的霎東街電車廠平面圖，比擴建前容納更多電車。

John Prentice

❖ 從勿地臣街入口及堅拿道東出口分別望入電車廠。

霎東街電車廠（Sharp Street Depot）【1951-1989】

　　1950 年，電車數目已增加到 124 部，表示兩個車廠的每一條車坑都出現滿車的情形，而且將電車分開兩處車廠停放不符合經濟效益，電車公司於 1951 年決定興建一個全面的新車廠，以應付來年的車隊重建計劃，最後選址原有的羅素街車廠，收回近勿地臣街一個原本租予車房的地皮，進行擴建，北角車廠亦於 1955 年關閉，現址為健威花園。

　　羅素街電車廠完成擴建後，佔地 112,440 平方呎（約 10,446 平方米），車坑重置和延伸，數目增至 11 條，其中 7 條位於露天，其餘 4 條連接維修廠房，而露天維修棚由已拆卸舊北角車廠的部分改建而成。電車入廠位置由舊有的羅素街改為勿地臣街（Matheson Street），經堅拿道東出廠，無須再倒車。因主要辦公寫字樓位於霎東街，故又名霎東街電車廠。

　　1977 年電車公司的現代化電車計劃（Proposal for a modernised tramway system）曾經建議將電車廠搬遷至堅尼地城和阿公岩。1984 年 10 月，電車公司和政府商討選址西營盤及西灣河興建新車廠，據 1986 年 7 月 16 日《華僑日報》報道，搬遷車廠獲政府批准。為使興建車廠不會對附近民居造成噪音滋擾，當局成立工作小組研究，電車公司亦承諾短期內不會提高車費。對電車公司而言，搬遷電車廠可以節省營運成本，省卻往返霎東街電車廠的車程，亦不會引致交通問題。

＊ **1988 年霎東街電車廠勿地臣街入口。**
廠外有食店和市場，經常人來人往。
T.V. Runnacles

✤ 工作人員替電車進行車身清潔，旁邊是自動洗車機。
John Prentice

✤ 霎東街廠房內電車底盤移出檢查修理。
T.V. Runnacles

✤ 1987 年 4 部包括旅遊電車、第一部全新柚木電車 12 號及 120
號戰後電車，由管理層 Ian Hamilton 特別安排一字排開。
T.V. Runnacles

據 1989 年 12 月 14 日《華僑日報》報道，新電車廠啟用後，電車公司委託顧問公司評估車廠的噪音水平會否對附近民居構成影響，並進行測試，實施速度限制以減低電車轉彎時發出的聲響。

1989 年 3 月 20 日，最後一部電車告別霎東街電車廠。下午 4 時，31 號電車兩旁掛上「霎東街車廠開出最後一部電車」的橫額，徐徐駛離車廠，沿途接載乘客前往屈地街新車廠。電車公司總經理嘉利（John Carey）出席了歡送儀式，並特別安排一位女車長駕駛這最後一班車，完成歷史任務。

舊車廠關閉後，電車逐步遷離至屈地街新車廠。其實舊車廠只是名義上的關閉，4 月 9 日變電站進行更新工程期間，西行電車便臨時停放舊車廠。5 月廠內的電纜正式拆除，7 月至 8 月車廠全面交吉。現址於 1994 年改建為集寫字樓、購物商場及停車場於一身的時代廣場（Times Square）。現時堅拿道東及摩理臣山道一段，仍然保留昔日電車出廠的舊路軌痕跡。

✤ 1989 年泊滿電車的霎東街電車廠。
T.V. Runnacles

✤ 1989 年 3 月 20 日，31 號電車由一位女車長駕駛，
成為最後一部離開霎東街車廠的電車。
　　　　　　　　　　　　　T.V. Runnacles

✤ 1989 年 4 月，99 號和 11 號
電車駛入 3 月已關閉的霎東街
車廠作短暫停放。
　　　　　T.V. Runnacles

告別霎東街
下午四時最後一班
電車廠遷往屈地街

（特稿）

電車廠都是沿着軒尼詩道

，但是今談該公司發行之小型

後比去年同期之人次增加

百分之二十。

在近日已漸漸遷離電車廠，

在西環屈地街的新車廠，

後各電車亦分別從霎東街

電車駛進霎東街，

原本在霎東街出入的

電車亦於昨日改往屈地街了。

往後電車促忙的霎東街亦

於最後一部電車於昨

午四時前駛往新車廠，

電車公司的總經理透露：一般

電車已駛離霎東街，

是日所有電車亦會往

屈地街的新車廠，

在十月前將各款

電車共擁有一百八十三部

允許在裝有小型

公地改進會表示，該公司

式啟利在十月目前約

鷂現，內所有舊

每日因電車進

已部經翻新，其中七十二部

三十一每日預計於兩部

電車地面一新的電車

史到十一日的通

已代客車四時十

今年九因因位於

三時，凡該間於

多重修，五於能車

及則；車頂之

是新道因只求只是

往屈，出改用外

的外貌新車廠

是的要懸與商老

昨電改新車以以

四四逸職新車即

時街較街絡及明

許往一已明

映一部電車

懸掛著一『霎東街車廠』

四時許最後一部

，是掛『霎東車』

別儀式，於

告別

❖ 1989 年 3 月 20 日下午四時後，霎東街車廠
正式關閉，廠內的設備陸續遷至新車廠，廠
房隨即進行清拆。

《華僑日報》，1989 年 3 月 21 日

❖ 堅拿道東仍可見到舊出廠路軌。

✤ 1988 年 11 月興建中的屈地街電車廠，主
　 廠房的鋼筋已搭建好。另一角度西望屈地街
　 電車廠地盤，工作人員忙於興建車坑地基。

　　　　　　　　　　　　T.V. Runnacles

✤ 1988 年 11 月位於西廠東面出口的緊急路軌興建
　 中，由豐物道至干諾道西，於緊急調配時用。

　　　　　　　　　　　　T.V. Runnacles

屈地街電車廠（Whitty Street Depot）

1988 年 3 月屈地街車廠動工興建，1989 年 5 月 27 日，屈地街電車廠（西廠）由交通諮詢委員會主席譚惠珠駕駛紅色古典電車 128 號通過綵帶後正式啟用。新車廠位於石塘咀干諾道西，毗鄰蔬果批發市場，佔地 1.28 公頃（14,654 平方米），共有 10 條車坑，可容納 110 部電車，是電車製造、維修、廣告安裝、人事培訓的主廠。車廠東面有一條緊急出口，經豐物道轉出水街，再經干諾道西、朝光街連接德輔道西。僅限緊急疏散廠內電車或緊急調動（Emergency Tram Operation）時用。

為配合鋪設通往新車廠的電車軌，往來屈地街至北角的電車於 1988 年 11 月起暫停，1989 年 2 月 3 日重新投入服務。當日安排剛完成翻新的 46 號試車，3 月 11 日安排 32 號率先試行。回廠電車初期由德輔道西新車軌沿海旁進出車廠，後來配合四號幹線工程進行大面積填海，1995 年電車出入廠路段重整後遷往西面卑路乍灣。現時位於石塘咀總站附近，仍然可以見到部分舊路軌。

屈地街電車廠的出入口靠近山道天橋橋底，內裏再延伸成數條車坑。其中工場內及露天的第七、八和九條有坑底，方便員工檢查和維修車底。靠近豐物道的十坑只作試車用途。廠內設有 2 部洗車機，為回廠電車清洗車身。現時電車已改由人手清潔。

每部電車按照時間表進行週期性檢查（Periodic Preventive Maintenance，俗稱 PPM），柚木電車一般安排四至五年進行大修，新型鋁製電車的車身檢修年期可延長至三十年以上。所有電車出廠都需要經過辦公大樓底的隧道一段（俗稱「長安大街」），經三坑由一坑出廠。車身

✤ 1989 年 3 月 11 日，投入服務兩星期的
32 號電車率先試行駛入維修廠房，成為首
部使用西廠的電車。

T.V. Runnacles

✤ 1989 年 5 月 27 日，屈地街電車廠舉行開
幕典禮，嘉賓雲集。新車廠標誌電車服務
邁進新紀元。

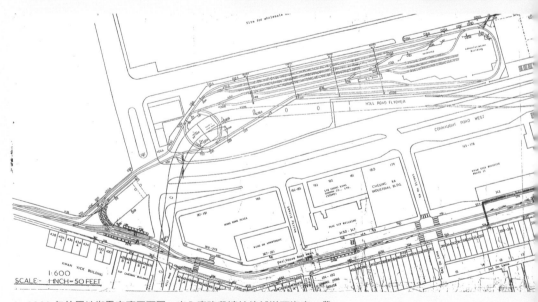

✤ 1990 年的屈地街電車廠平面圖，出入廠路段連接德輔道西海旁一帶。

需要更換廣告的電車，進入隧道後會駛入二坑停放。出廠口的迴旋處主要用作調度廠內電車，同時是車長報到的地方，亦是車長飯堂，昔日 90 年代曾經建造一個 888 號車身，是訓練車長安全意識兼車長的食飯車，因此車長俗稱此位置為「三條八」。東面是維修工場兼寫字樓，中央控制室（Central Control Room）設於二樓，有控制室稽查 24 小時輪更監察電車的實時行蹤。

✦ **1992 年屈地街電車廠一角。**
 T.V. Runnacles

✦ 電車廠內的車務控制室。

✤ **1989 年屈地街電車廠一角。**
Paul Haywood

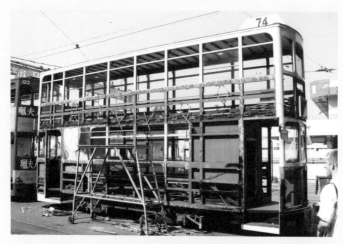

✤ 維修中的柚木電車。
Tim Moore

✤ 屈地街電車廠十條車坑，以 1-10 標示在車軌上，便於識別。

✤ 各式各樣的維修工具。

✤ 1989 年 2 月 28 日，80 號電車成為第一部
使用西灣河新車廠的電車。

✤ 1989 年 4 月 28 日，西灣河電車[
行開幕典禮，主禮嘉賓包括營運[
Allan Leech 進行剪綵儀式。

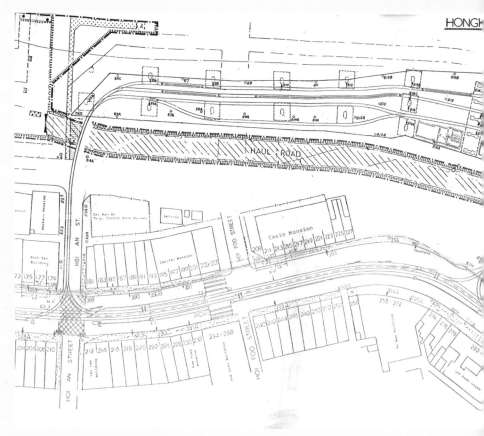

✤ 1990 年的西灣河電車廠平面圖。

西灣河電車廠（Sai Wan Ho Depot）

西灣河電車廠（東廠）的啟用時間比屈地街車廠還要早，1988 年舉行了「電車繪畫同樂日」，在廠房的圍板用油彩畫上香港名勝。1989 年 2 月 28 日第一部 80 號電車率先使用新車廠。這個位於港島東面的新車廠，令電車公司可以更靈活地調動來往北角至筲箕灣的班次，縮短由西區開往東區的車程。

1989 年 4 月 28 日西灣河車廠正式啟用，佔地 0.7 公頃（4,618 平方米），可容納 62 部電車。東廠位於東區走廊橋底近愛秩序灣道，共有 4 條車坑，其中第三和四條有坑底，方便工程人員作簡單檢查，東廠沒有任何維修裝備，只供停泊和清潔電車之用。回廠電車由筲箕灣道轉入愛秩序灣道進入車廠，經二坑轉出海晏街出廠。

新車廠啟用後，原本在舊筲箕東街車廠進行的車身重建工程，移師到屈地街車廠繼續進行。由於東廠大部分面積被橋墩包圍，無法擺放大型的車架，只能放置路軌相關組件，供路面工程替換之用。

所有電車每天會按照既定的時間表在晚間返回指定的車廠停泊，一般而言旅遊電車和 120 號電車是固定停泊在屈地街車廠，方便團體租賃或例行檢修。

✤ 1989 年 8 月停放西灣河車廠的電車。84 號早於 1988 年在舊筲箕東
街車廠更換成新車身，旁邊的戰後電車 138 號要到 1991 年才更換。

✤ 西灣河電車廠入口附近的門牌。　　✤ 1998 年晚上西灣河車廠一角。

昔日電車廠位於人流密集的市區，四周被舊式唐樓圍繞，電車在人來人往的市場範圍出入，情形和現時北角春秧街相似。附近有大牌檔、食店等，除了住附近的街坊光顧外，不少電車車長收車後也會相約到大牌檔吃宵夜。隨着香港經濟 80 年代起飛，亦帶動了車廠附近一帶的土地升值，逐漸發展成為商業和購物區。自從電車廠遷往屈地街和西灣河後，可能較遠離民居的緣故，和人的距離好像遠了。雖然如此，這所電車工場，孕育出全世界碩果僅存的全雙層電車，即使電車的各種零件已經和昔日的有所不同，不少原有的英國供應商早已結業，電車公司仍然覓得來自各地的新供應商，為電車注入新元素。

✧ 維修廠內一部建造中的新鋁製電車已髹上綠色，
等候組裝交流電摩打的車底盤。

11

電車廣告

✤ 20 年代木頂電車上層貼有日本巧克力奶廣告。

✤ 斑馬佬電車宣傳交通安全。

✤ 1925 年木頂電車車頭有皇后戲院的宣傳廣告。

✤ 電車車頭左邊的香煙廣告，
　及右邊百貨公司減價優惠。
　　Bob Appleton

廣告俗稱「告白」，是早期的商行在報紙刊登宣傳中普遍使用的字眼。電車車身廣告最早於 20 年代出現，當時的形式只有文字，二戰期間廣告一度沉寂，到戰後 60 年代經濟開始復甦，出現了大量彩色電車廣告。現時的電車廣告已改為電腦噴畫形式，來配合急速的社會節奏。

早期廣告

最早的電車廣告只有數行文字，見於 20 年代的木頂雙層電車，以掛牌形式放在車頭、車尾和上層兩側，戲院上映的電影、百貨公司減價優惠等，常見於電車廣告，此外中西商品及一些日本商號都常用電車車身作宣傳。電車票的背後亦印有香煙、洋酒等廣告圖樣，電車公司亦會印上一些乘客安全提示的標語，如「車未停定　請勿落車」。

50 年代路面車輛增多，1958 年政府推廣為期一星期的交通安全運動，7 月 14 日起動用一部由工程電車 200 號改裝的斑馬佬電車宣傳，車身偌大的「斑馬佬」造型吸引不少途人圍觀。70 年代同一部電車被用作宣傳撲滅罪行。

✢ 經濟起飛帶動電車廣告增多。

彩色電車廣告

　　60 至 70 年代社會經濟逐漸恢復，出現了彩色廣告，初期沿用 20 年代的方式，隨着廣告商增加，電車下層的兩側車身亦佔用廣告。不同的廣告商戶可選擇以同一部電車各自宣傳商品，亦可選擇在單一部電車或多部電車上呈現。一些盛行的香煙品牌也在多部電車上賣廣告長達五年以上，直至 2006 年政府禁止煙草廣告為止。

　　70 至 80 年代是電車廣告的高峰期，一部電車最多可以同時出現十種不同的廣告，題材多樣，拖卡電車車頂亦加裝廣告板，全車身電車廣告大量出現。亦有電影商會因應需要粉飾電車用作電影拍攝。

　　在眾多廣告題材中，1975 年航空公司是最早用於全車身的電車廣告。不論是飛機圖案還是旅遊景點的畫面，都栩栩如生。有些廣告構圖以淨色車身及簡短文字表達，簡單直接。其中英國金獅航空運用了代表蘇格蘭的方格花紋（tartan）設計，共有紅、綠、藍三個版本，是完成難度最高的電車廣告。而受惠旅遊業蓬勃，來港旅客入住的酒店亦成為電車廣告題材。

　　上世紀的本港零售業龍頭永安、先施百貨公司，在早期車票及電車車身已有廣告，戰後國貨公司林立，長期在報紙或電車車身賣廣告直到千禧年代。80 年代日資百貨公司引入香港，大丸、崇光等相繼在港開業，電車廣告自然成了最佳的宣傳媒介。後來多家日資百貨公司撤出香港，百貨公司地位日漸式微，這些經典的廣告亦寫入歷史。社會經濟轉型，新興的大型購物商場已成為消費主導。

✤ 各具特色的航空公司廣告電車。當中英國金獅航空綠、藍、紅三色方格花紋設計，表現蘇格蘭特色。

Noriaki Tsujimura, T.V. Runnacles

❖ 本地和外資百貨公司豐富電車廣告題材。

❖ 80 至 90 年代電車髹油廣告大行其道，題材多樣化。

　　80 至 90 年代亦是電視機及紙媒普及的年代，各式媒體紛紛在電車上宣傳，百花齊放。消費能力旺盛，反映當時人們追求生活享受。從卡式錄音帶、隨身聽，彩色電視機以至後期電影宣傳等，都別具特色。

　　經濟起飛，帶動錶行擴充業務開設分店，更形成了一些有趣的中文譯名。例如「雷電錶」、「威震錶」等。80 年代一些外地快餐店來港開業，帶來特色的音譯電車廣告。亦有廣告商以通俗的廣東話宣傳，迎合時人需要。

　　銀行業務發展迅速，部分廣告電車善用車身空間，在上層車廂的通風氣窗髹上廣告字眼。90 年代消費模式的轉變，刺激信用卡市場，電車廣告是最佳宣傳工具。銀行業增長亦帶動信貸、以至後來保險業務、投資理財業務的發展，至今仍是電車廣告常客之一。

　　除普通電車外，一些廣告商亦會選擇古典開篷電車來增加宣傳效果。尤其是以藝人宣傳商品的代言人，都是由一班熟練的師傅以人手繪畫而成。據當時的髹油師傅提及，要完成一個髹油廣告需要三天時間，構圖較複雜的需時較長。近日備受關注的天星小輪業務困境，昔日和電車同屬九龍倉的附屬公司，90 年代亦運用電車宣傳新航線。不少髹油廣告電車由舊車身到換上新柚木車身後，仍然帶着相同廣告一段長時間。

　　相機廣告電車的最大特色，是運用了相機鏡頭和車頭燈結合的巧妙構思，是別的交通工具不能做到的。昔日相機和菲林普及，後來發展至輕巧相機，電車亦成為廣告商宣傳的黃金機會。隨着數碼科技發展，手提電話具備拍攝功能，而且款式日多，亦成為電車廣告常客。

✤ 色彩豐富的電車廣告出於髹油師傅的功架。

SIGNS OF THE TIMES

IF NG CHI-WEI (pictured) and his 10 painters were the Michelangelos of Hong Kong, their Sistine Chapel would be Hong Kong's 164 trams.

His two five-man teams can strip, clean and paint on the advertisement on a double-decker tram in three days. A more fancy design, such as the award-winning one they did on Swatch watches last year, might take a little longer.

Yet the craftsmen of the Ng Leung Advertising Painter Co, who all served a three-year apprenticeship in sign-writing, can effect a similar make-over on a double-decker bus in only two days.

The original artwork is done by advertising companies, and Ng's men then translate them on to the much broader canvas of the tram, combining silkscreen stick-ons with hand-painted backgrounds and lettering. Some trams are entirely hand-painted.

Ng's father set up the company more than 50 years ago, with five painters doing wall signs, but in 1980 they switched to tram and bus painting. These days, the company decorates more than 100 trams and buses each year.

Tram advertising along the crowded Hong Kong Island corridor is so popular that there is a one-year waiting list. Previously each tram carried several ads, the price varying with positioning, but Hong Kong Tramways has had a one-ad-per-tram policy for the past decade.

Ng said because each tram was prominently numbered, some advertisers asked for specific trams to bring them good luck, or ward off bad luck.

For instance, the numbers 28 and 128, which sound like "easy prosperity" and "guaranteed easy prosperity" in Cantonese, are very popular. However, these have already been allocated to the company's two antique trams.

On the other hand, some advertisers don't like tram 14 because it sounds like "must die", while others don't like tram 164 because the number seems to echo the date of the Tiananmen Square massacre on June 4, 1989.

In fact, tram 164, which should have been the fleet's Tail-end Charlie because that's how many trams there are, has been changed to tram 166.

Ng said his men had yet to encounter an ad design that they could not handle. "We're very good at what we do," he said. "We're the best in the business. I always get a great deal of satisfaction when I'm shopping in Causeway Bay or something and spot one of our company-decorated trams rolling by." Recently, they even exported their talents overseas when they were invited to decorate a couple of trams in Liverpool, England.

Reflecting on the future of his business, Ng said: "I was good at drawing since I was a kid and, after the war was over, I never went back to school.

"Now it's the end of the line. Neither of my two sons is interested in the business, so I suppose I'll have to sell up when I retire."

Still, Ng hopes someone will keep painting the trams. "The trams are very good for Hong Kong," he said. "Not only are they an efficient mode of transport, but they are a very colourful part of the landscape. They should be preserved. They are part of Hong Kong's heritage."

ASIA MAGAZINE 23

the tramway introduced a scheme to sponsor tertiary education for motormen's children.

Now that Hong Kong schools are free up to the secondary level and the fund is considerably richer, more and more children have had the opportunity to study up to the tertiary level. Naturally, fewer and fewer are inclined to follow in their father or mother's tracks.

No one knows if a lack of drivers and changing consumer demand will eventually spell the end of the line for the trams. But this beloved Hong Kong entity has an iron constitution, and may yet stand up to the rigours of the next few decades.

✣ 鬚油師傅細心替電車鬚油和繪畫圖案。

✤ **Swatch** 勝出首屆最悅目電車廣告，柯尼卡廣告其後亦獲獎。
Tim Moore

✤ 90 年代後期經濟下滑，電車車身回
綠色並裱上橫額式廣告。

電車廣告選舉

　　1992 年至 1997 年電車公司舉辦最悅目電車廣告選舉，挑選了超過 100 部電車廣告，邀請全港市民一同選出心目中的靚廣告。獎品非常豐富，包括雙人來回機票、名貴音響、自助餐券等。其中瑞士 Swatch 色彩繽紛的手錶設計及柯尼卡相機廣告成為勝出廣告。1997 年電車廣告選舉更動用 107 號電車來宣傳。其後經濟不景，全車身廣告電車數目減少，1999 年 160 部電車中只有 68 部全車身廣告，電車廣告選舉因而停辦。

✤ 1997 年 107 號宣傳電車廣告選舉活動。
T.V. Runnacles

✤ 近十年間電車車身內外都
增添不少藝術元素。

電車廣告數碼化、藝術化

　　步入科技數碼時代，電車廣告改為電腦噴畫形式來配合急速的社會節奏。近年來廣告商及一些大型品牌，以至政府部門等，都看準電車速度較慢的特點，願意動用數部廣告電車作宣傳，2004 年電車百週年就是一個例子。近幾年尤以商品週年慶為多。這些流動廣告電車除了讓市民更容易留意外，亦成為攝影愛好者的追影目標。

由車身到車廂

　　2014 年電車公司 110 週年作出新嘗試，在電車車廂內裱貼和電車有關的經典電影劇照，讓電車搖身一變成為「流動光影故事館」。其後數年一些藝術團體亦運用這種方式在電車車廂內展示藝術作品，例如 2017 年有藝術家以香港已故作家劉以鬯的作品呈現在改裝電車上，2020年設計香港地（DDHK）將經典卡通人物老夫子裱貼在下層座位，4 月至 6 月藝術團體 CEEKAYELLO 有四位藝術家把傳統雀籠製作及麻雀雕刻藝術在電車上展示，豐富電車車廂的藝術元素。最近一些大型品牌亦運用同樣的宣傳方式，將商品藝術化。

　　綜觀上述，電車廣告的題材豐富多樣，將電車由綠色變成一架架的流動廣告板或藝術廊，是經濟蓬勃的見證，充分表現電車和城市的連繫。電車速度較慢，廣告商戶亦喜歡以電車廣告作宣傳。因應疫情的發展，廣告商亦花心思以貼地字眼達到宣傳效果。

✤ 不同版本的大富翁廣告電車。

✤ 2010 年的虎年藝術電車。

✤ 電車廣告加入創作藝術元素，不再只限商品宣傳。

✣ 2004 年慶祝百週年紀念郵票廣告電車。

12

電車人事

✤ 祥哥母親的洗車證。

✤ 1978 年祥哥下班時搭上夜更拍檔接更的跑馬地車
（站者為祥哥）。

✤ 稽查祥哥夜晚在
廠控制室點更。

✤ 祥哥和一班學員跟隨教官艇王（祥哥旁）
和女教官梅姐駕駛 200 號訓練車考牌。

✤ 稽查祥哥和第二任老總張永桃在
旅遊電車 28 號前合照。

電車世家 —— 葉煥祥（祥哥）

　　一家公司能夠孕育一位服務接近半個世紀的員工，絕對可以稱得上最長情員工。現年 72 歲的葉煥祥，從小與電車結下不解之緣，由最初負責洗車，逐步學習駕車，晉升成為車長、教官、以至高級稽查員，為電車服務貢獻畢生。

由洗車開始

　　祥哥的媽媽在電車公司負責清潔電車，他的父親和兄長都是電車車長，是名副其實的電車世家。祥哥家中排行最小，家住舊電車廠附近，年輕時會到堅拿道東送飯給父親。祥哥第一份工作是在灣仔一間辦館看店和理貨。1965年，祥哥媽媽帶着祥哥去電車廠見工，「我老媽子話有同事唔做，叫我去幫手。當時喺總經理沙文（John Salmon）接見。」自此每天晚上十時便和媽媽一起去電車廠洗車部兼職洗車，工作到清晨六時，每星期五天。由於祥哥媽媽和車廠內的老師傅相熟，得以學習到各種電車知識及維修技術。「那時的機器部師傅負責維修的工作，我便跟隨他們學習維修和開車，例如上草鞋、干多拿、驗拖里等，很快便上手了！不過我怕污糟才沒有繼續做！」祥哥擁有過人的記性，只要見過對方一次就認得，隨時能夠説出他們的名字／外號甚至員工編號。他表示，以前的車長願意教導新人，只要肯用心學習，他們一定會將技術傾囊相授。他自覺比較幸運，能夠在駕駛電車以外學到電車的工程知識。

　　祥哥又記起一件六七暴動時期驚險的事，有一次跟隨兄長開電車到灣仔杜老誌道，赫然發現路軌上有個土製菠

蘿（手榴彈），他居然膽粗粗拿起勾竹將「菠蘿」移走，可謂膽識過人！

　　1971 年至 1973 年，祥哥轉而從事建築平水工作。1974 年，祥哥在一次乘搭電車遇上舊日的相識，邀他重新加入電車公司擔任車長。「當時外籍總經理哈利士（John Harris）知道我懂得駕駛電車，感到十分驚訝，這些都是我昔日累積經驗的成果。」很快祥哥就正式成為電車車長，跟隨第一任老總酈錦銘和師傅玻璃鄭共事。有時祥哥會被派去替更，例如點更、售賣車票和當撬路員，「當時我後生，賣飛的多是女性，和她們很快就熟絡了！」「撬路時最緊要睇清楚夾口位置同電車目的地，及時變換正確方向。」不過最大挑戰是遇上惡劣天氣和視線被巴士遮擋，便很難看得清楚電車而出錯。「當架電車未過晒夾口就回路，就會很容易出軌。」

叮出人情味

　　祥哥初期屬於替補車長，1977 年實施「一人電車」後，變為固定駕駛早上六時由跑馬地開出至堅尼地城的頭班車（字軌K1）。「清晨時分就要到霎東街電車廠報到，檢查妥當後便會將電車駛到跑馬地總站等客。」那個時段，許多乘客都趕着上班上學，祥哥會盡量等齊人先開車。日子久了便與這班乘客熟絡起來。「都認得晒㗎！我盡量都會等齊這班乘客才開車。若見熟客還未到來，我都會等多一陣先開車。」祥哥笑指：「熟客上下班都會搭我的車，一定認得我，連我幾時休息都知！」彼此間建立了一份關心。每逢過時過節，熟客會送上應節食品，有位女熟客更邀請他出席她女兒的婚宴，視祥哥為一家人。時至今日，祥哥和這班老乘客兼老朋友依然互相有聯絡，偶爾也會相約出來敘舊一番。這份厚厚的人情味，在今時今日的社會難能可貴。

　　祥哥憶述另一件深刻的事，是一位餐廳老闆會搭他的順風車到堅尼地城開舖。「那間餐廳我也經常光顧，老闆亦認得我。每當我

將車駛到總站時，餐廳老闆會預先幫我下單，有時我會先打電話下單，當電車駛至餐廳門口時我便落車取餐，然後趕緊吃兩口『紅燈飯』！現在車長已經有四十分鐘食飯時間，比以前好多了。」

什麼是「紅燈飯」？祥哥娓娓道來。「以前車長是沒有固定的食飯時間，他們只能在跑馬地和北角飯堂預先買了飯盒，然後放在車頭便匆匆開車，趁交通燈號轉為紅色時，打開飯盒三扒兩撥、食兩啖，轉綠燈時又再開車，到下一次紅燈時再吃，所以行內就叫作『紅燈飯』！通常車長都盡量不買有骨或魚刺的餸菜，以免食得麻煩，影響開車。」祥哥又說：「試過有車長買了飯盒後放在干多拿旁邊，豈料停站時有落車乘客不小心碰跌了飯盒，很倒楣！」

談及收入，祥哥表示從前電車員工是一個禮拜就出糧，糧單是長長的一張紙，糧單上列明底薪、工作時數、超時津貼等，福利都算不錯。「糧單同錢會放入牛奶嘜（空罐頭）內，係電車公司先有的物品！」

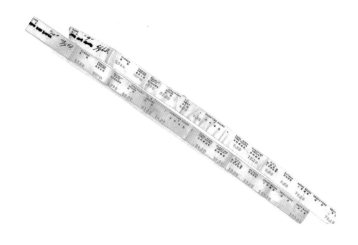

✤ 電車公司的糧單。

✥ 祥哥和第四任總稽查蔡偉漢合照。

✥ 祥哥在女總教官廖四美監督下，
　向學員示範駕駛電車步驟。

✥ 祥哥在電車公司多年，人緣甚佳。

揸車到教車

由於祥哥表現良好，1980年晉升為稽查（Inspector），轉為月薪，換上筆挺的制服和配有帽章的白色帽子，和當時的老總張永桃共事。祥哥與下屬同事之間累積了深厚的感情，有時候會半嚴肅半開玩笑地調侃，不時稱呼他們的花名。其中有位總教官吳關勝，祥哥稱呼其為「艇王」，因其為水上人而得來。70年代開始有女性車長，因而有首位女教官，祥哥當時跟着她學習考牌，駕駛俗稱「水車」的200號工程電車進行路面訓練。一般來説每部電車前後都可以駕駛，若遇上事故需要調頭便改為人手操作。那麼拖卡電車如何處理呢？祥哥憶述：「我會指示車長將拖卡退到對面線，讓調頭電車駛過夾口。」

1990年祥哥晉升為教官（Instructor），負責培訓電車車長。「我擔任多年教官，見盡不少的新人，所謂易學難精，要成為一個好車長，在學懂駕駛電車之餘，還需要用心磨練技術，要教懂一個人駕駛電車不難，有時只需要數小時便可掌握駕駛電車的原理，但是要在路面上安全行走，讓乘客坐得舒服，就不是一件容易的事。」現時加入電車公司的車長，需要接受為期8個星期的訓練，經過教官考核通過後才可以正式駕駛電車。

90年代電車引入車務控制室，當時共有十多位女稽查／車長和教車師傅（紅衫師傅），多是由祥哥精挑細選的精英。「紅衫師傅是易生（易志明）上場後要求教車師傅穿着，容易識別。」祥哥拿起以前工作舊相時馬上記得誰是誰，「這個是華姐、這個是九妹……」這批女車長從前大多是售票員（俗稱：收銀），取消收票制後轉職車長，負責駕駛兩集車（即早上和下午兩更），主要行走堅尼地城和上環，方便乘客到上環轉乘地鐵。

　　1992 年，祥哥晉升至高級稽查員（Senior Inspector, SI），主
要負責巡查各站狀況，編排稽查更份，處理突發事件，例如交通意
外、惡劣天氣情況下的車務安排等，直到 2017 年退休。2010 年至
2012 年，祥哥三度榮獲最佳稽查的嘉許，2014 年（電車公司 110
週年）祥哥獲頒長期服務獎。

　　蒐集有關祥哥的工作事跡一點不容易。因祥哥為人低調，只有
接受過兩次媒體訪問，1994 年（電車 90 週年）和 2014 年（電車
110 週年）。在這 47 年的電車生涯中，祥哥至今仍可如數家珍，車
長的編號、外號、工作年份，以至電車性能等細節，全部過目不
忘。而且經歷了不同朝代，由九倉到法國威立雅，無一不認識祥哥
這個大名。即使已退休多年，祥哥偶爾會返回電車廠相約舊同事敘
舊或打牌消遣。有一次在電車總站附近，祥哥巧遇幾個準備接更的
車長，其中一位道：「葉生，乜咁啱呀？」祥哥隨即以十分宏亮的
聲線回道：「咩葉生呀？叫祥哥！」然後興奮地談論近況。心直口
快的祥哥，謙稱自己是少說話的人，其實他對電車的一切知識瞭如
指掌，即使位處高職亦沒有架子，和同事上下關係融洽。

　　很多電車逸事都存放在祥哥腦海中，其中有一件鮮為人知的
是，舊車廠曾經發生火災。「1989 年最後一架電車出廠當日中午，
寫字樓一間房着火，當時無報警，係阿差用滅火筒撲熄。無咩人知
的！燒剩的文件丟棄在廠外，所以好多歷史無左！」

　　祥哥分享了成為優秀車長的一些心得：「第一要忍得！大小二
便要忍得，而且不應心煩氣躁。乘客會有不滿意的地方，但你無須
放在心裏，聽完就算。最緊要保持良好駕駛質素和嚴謹的工作態
度。第二是要一眼關七！路面上有很多突發的事情，除了要遵守交
通指示外，要時刻留意路面環境，避開闖入電車軌的汽車及行人。
很多人都誤以為電車慢，甚至以為電車可以即刻煞停，其實電車的
時速最高可以達到 40 公里以上，車速可以很快。車長在煞停電車
時，如何令車廂不至左搖右擺及停站時不超越白界等，尤其是轉彎

的時候更加考驗車長的功夫。」

　　祥哥亦感嘆現時電車員工青黃不接，老一輩師傅逐漸離去，而多年來面對其他交通工具的競爭，加上疫情影響導致員工流失率高，要吸納年輕一輩投身電車工作，才能夠讓電車可持續發展，近年幾次免費電車日都很受歡迎，加上人氣偶像熱潮令多不少人留意電車，也是不錯的事情吧。

✤ 祥哥榮獲 2010 年度及 2011/12 年度最佳稽查獎狀。

✤ 祥哥服務電車 15 年銀章及 35 年金章。

✤ 1996 年祥哥獲總經理 Allan Leech
頒授安全駕駛證書。

✤ 1994 年祥哥和關 Sir 與高級稽查
唐教官出席電車 90 週年活動。

✤ 2014 年電車 110 週年活動上，祥哥和冰姐獲得長期服務獎。

TRAVEL ENCOUNTERS: Senior inspector Yip Woon Cheong enjoys the challenge.

Inspector and trams go back a long way

By Martin Cooper

FOLLOWING in his father's, and for that matter his mother's, footsteps is precisely what Yip Woon Cheong did when he joined Hong Kong Tramways some 20 years ago.

Mr Yip is one of numerous employees who have family connections within the company. His father was a tram driver for eight years while his mother is a tramways cleaner.

For the last two years, Mr Yip has held the position of senior inspector, a position he readily admits to enjoying.

"I like the security the job offers as well as meeting passengers," Mr Yip said.

The responsibilities of a senior inspector include investigating accidents and dealing with passenger complaints.

Quite often, his encounters with the public are not in the most congenial of circumstances.

"Most complaints revolve around an argument between a passenger and the driver. My job is to pacify and resolve the situation," Mr Yip said.

Complaints take up a minimal amount of Mr Yip's time, and he was quick to stress how few of these he has had to deal with during his tenureship as senior inspector.

Mr Yip is also responsible for the uninterrupted flow of tram services during and after an accident.

"The most common accident is a minor collision with a vehicle, and we endeavour to clear the tracks as quickly as possible," he explained.

"Although I obviously do not enjoy accidents or passenger complaints, the job offers variety and I'm out of the office a lot."

Asked what the future may hold for him, Mr Yip replied: "I'm 45 years old now, and I think I will stay working on the trams. They are a good employer and I feel secure working for them, and maybe one day I will become chief inspector."

Working on the trams for 20 years, Mr Yip has seen many changes to the service, not least the introduction of female conductors and drivers.

Women workers were taken in starting 1971, due to an acute labour shortage.

On the continuing battle for passenger gratification, Mr Yip said: "With higher demand, passengers are always expecting a better service. This keeps us on our toes and we are always endeavouring to please."

Even today, when the Hong Kong Tramways is facing competition from a variety of public transport systems — including the MTR, buses, mini-buses, taxes and private cars — the trams still offer the most reasonable way of getting around the island.

SATURDAY 30 JULY 1994

✤ 1994 年（電車 90 週年）祥哥接受英文報章專訪。

✤ 祥哥榮休前和遊覽電車大使邱莞爾（右）合照。

✤ 祥哥榮休後和稽查勤哥合照。

利雅倫回憶錄（1982-2000）

因緣際會之下，前任電車公司管理層利雅倫（Allan Leech）從《香港電車》英文版聯絡了我和 John Prentice。利氏將珍藏多年的圖片透過有限的記憶，回顧昔日在電車公司工作的點滴。

從利氏的工作回憶中，充分顯示他的熱誠和幹勁。「80 年代電車站路線圖、電車站牌、電車員工的制服，都是出自我的設計！我很慶幸在倫敦運輸局（London Transport）13 年的工作經驗帶給我很多靈感。」他懷緬當年和 Tim（溫禮高）合作研究了不少項目，例如新電車廠附近的路線和車站編排、改裝部分車身為古典電車行走觀光線、並研究在不同地區增設電車迴圈，「我們和不同部門協商，以達到讓電車行得順暢又不阻礙其他交通的目標，他是我重要的左右手。」

1993 年 5 月 14 日戴卓爾夫人訪港最後一天的電車遊，也讓利氏難忘。「為了籌備這次行程，我和警察的 G4 部門開過多次會議。當天上午 G4 成員來到西灣河電車廠為電車作地毯式檢查，氣氛緊張，突然收到消息一眾嘉賓比預定時間提早到達，我和 Sam（交通總監）即時登上電車趕往筲箕灣總站，我一邊通知當值稽查安排東行電車縮短行程，一邊緊急通知秘書聯絡載着九龍倉代表的司機趕來，結果電車離開總站時，九龍倉代表的車才追上。原先安排是嘉賓上車後我和 Sam 需要離開電車，但電車公司主席即時指示我們繼續留在車上。抵達太古城後，戴卓爾夫人特地走到車頭向駕車的女車長冰姐表示讚賞，並透過秘書向我答謝。這段電車之旅真是有驚無險呢！」

利氏對電車世家祥哥更是高度嘉許。「他很少說話，無時無刻都忙個不停，每逢有事故其他同事無法解決時，只要他出現就馬上解決了！我們作為高層不可能每一刻知道發生什麼事情，祥哥肩負營運順暢的重任，是一位不可多得的典範員工。」

✤ 1993 年戴卓爾夫人電車遊。

再見 電車飯堂

　　北角春秧街向來人車往來頻繁，電車軌穿插在市集的獨有畫面有如「港版美功鐵路市場」，成為攝影愛好者及遊客的拍照熱點。轉入糖水道的電車總站，站長室旁邊有個門口，外掛透明膠簾，原來就是電車飯堂。

　　這個隱世飯堂外面沒有招牌，不容易察覺，裏面掛在牆身的餐牌，無論是熱湯、小菜還是碟頭飯都份量十足，價錢實惠，桌上有免費普洱茶，是「大件夾抵食」的茶記牌檔格局。飯堂本來是電車員工優先享用，後來普及至公眾，不少街坊、站長也會光顧，甚至吸引日本遊客慕名而來光顧。

　　有「超級香港迷」之稱的池上千惠小姐（Chie Ikegami），曾經四次到訪這個隱世電車聖地，當中 2017 年的一次令她難忘。「我和朋友共四人晚上八點到訪，記得飯堂告示寫着晚上九點食客就要離開，心想有點匆忙，點了椒鹽豬扒、番茄蛋湯和炆豆腐，另一個朋友到外面買啤酒。不久廚房傳來轟轟的炒菜聲，很快就上菜了。香味四溢，味道好極了！我請教主廚平哥如何烹調，他直接從廚房拿出一碗調味料向我說明，轉身又拿出兩罐啤酒笑着請我們乾杯！吃飽後我們圍着這位可愛大叔合照，在場其他用膳的車長都一齊起

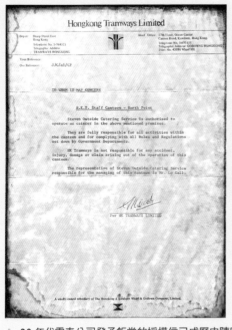

❖ 90 年代電車公司發予飯堂的授權信已成歷史陳跡。　❖ 飯堂預留給當值站長的豐盛午飯。

❖ 池上小姐和平哥合照。

❖ 掛在牆身的手寫餐牌。　❖ 飯堂餘下的歷史文物。

闕，這份濃厚的人情味太珍貴了！」

2020 年 4 月北角糖水道行人天橋因雜物而起火，天橋上蓋燒毀，當局檢視後決定封閉清拆。同時電車飯堂因主廚平哥傷患退休，2022 年 8 月一度傳出結業，引起大眾關注去向。2023 年 3 月，電車總站遷移至春秧街和糖水道交界，電車改為停在臨時搭建的站長室外上落客，原有總站封閉進行拆卸天橋工程，意味着電車飯堂走入歷史。池上小姐原本打算再訪，得知飯堂結業亦大表可惜。

現代人生活緊張，吃個飯都匆匆忙忙，有時候又要考慮價錢，這所平民飯堂是個不錯的選擇。門外便是電車站，十分便利。如今飯堂已去，雖然對電車員工的用膳安排沒有太大影響，卻少了一個富人情味的飲食情懷。

❖ 電車飯堂食物。

香港電車
HK TRAMWAYS
EST. 1904

Certificate of Appreciation

This is to certify that:

Chui Shing Fat
Inspector no. T418

achieved the honour of being one of the
" 2017/2018 The Best of Inspectors" in overall performance.

茲證明崔聖發稽查（編號T418）

獲選為 "2017/2018 年度最佳稽查"

特頒此獎狀以茲鼓勵。

Cyril AUBIN　敖思灝
Managing Director 董事總經理

✤ 發仔連續五年榮獲最佳稽查的嘉許。

✤ 發仔用四隻手指指向上手勢，示意車長攪上環牌。

✤ 從外國人的笑容可以感受 Eson 的親切！

✤ Eson 和發仔老友鬼鬼。

幽默的稽查 —— 崔聖發（發仔）

「我於 1994 年 6 月 24 日加入電車公司。」發仔一臉自信的說。當初打算投考電車車長，到了面試當天，高級主管得知他有一定的學歷，於是建議發仔不如試試投考稽查員。一做就二十八年。

發仔小時候家住鵝頸橋消防局對面的唐樓，和羅素街電車廠只是一街之隔，每當走到街上第一眼看到的就是電車。「我細個最喜歡搭拖卡，望著前面的電車拉住覺得好得意，尤其是當部電車駛過掘開了的路軌時，發出的聲音和一般情況很不同，我會特別留意，到現在印象還很深刻！」於是他決定給自己一次機會試試看。

發仔本來應徵的職位是車長，面試後考官看他這麼健談，建議他嘗試稽查這個職位。他一口便答應了。稽查的工作主要有：（1）調動電車；（2）處理交通事故；（3）解答乘客查詢和（4）編製車長路程表。要確保每天行走的電車暢順，交通部可謂電車的核心部門之一。

發仔憶述其中一次深刻的經歷。「有一晚我收到一位夜更車長報告，指其電車上有人打荷包，我着其報警並叫他關上車門，令賊人無法逃走，警察很快就來到拘捕賊人。因為我明白到電車路上被阻，對乘客固然帶來不便，但是最重要的是盡快通車，這是我們的職責之一。」遇上惡劣天氣例如颱風或黑雨，稽查需要安排街上電車陸續回廠協調工程部天線車外出檢查路軌和天線，確保電車在惡劣天氣警報解除後能夠恢復正常服務。

有一天下着大雨，發仔被派到筲箕灣總站當值。狹小的站長室裏，發仔如常指揮經過的電車，留意沿線有無「疏位」（前後車相隔較遠），當有電車進入車站就馬上留

意電車字軌編號，用紙筆記下車長的到站時間、調配他們的用膳時間、接更和收工安排等等，可謂「一腳踢」。期間對講機和電話響個不停，有時控制室會通知某段路面有事故，發仔就要通知電車車長留意。最重要的一個步驟就是按動「去」字燈，車長看到燈亮就會開車。

　　因離家近的關係，有時他會在東廠（西灣河電車廠）當值，比街站當值需要更多準備，例如安排車長開工去第幾坑取哪一部電車，因清晨時份已有乘客候車，所以出車時間一定要準確。發仔笑稱連西廠控制室都做過，沒有什麼難倒他。話雖如此，控制室要負責的事情其實比街外稽查多很多，上至天線路軌，下至交通意外，甚至投訴，又要聯絡各部門處理不同事件的善後。

　　訪問期間悄悄記下發仔幾個手勢，不說不知原來是稽查通知車長下個目的地的暗號。例如四隻手指向上表示上環，向右表示堅尼地城，手左右搖動狀似打鑼表示銅鑼灣，握拳打圈表示跑馬地，三隻手指向左表示筲箕灣。

　　或許見到我悶坐着，發仔說了一個笑話，發揮幽默本色，我馬上被逗得開懷大笑。發仔平易近人，和同事關係良好，另一晚他在北角總站當值時，遇上李車長，兩人二話不說就談起來。

Eson

　　李車長（Eson）是另一位風趣的電車車長。他 1995 年 2 月 13 日加入電車公司，已經有 27 年。「我係由一位舊同事介紹入黎電車公司工作的。」或許每天都固定上班下班，工作時間穩定，加上他習慣吃素，車長同事都稱呼他「齋佬」。表面看來不苟言笑，其實他喜歡說笑，尤其疫情時期，他在駕駛電車期間默默地記錄了一些照片，有些是一家大小下車後讓他拍攝，有些是外籍乘客落車時和他

說再見，有些比較特別，是前車停下來上客期間，乘客和他不經意的互動，一個微笑，一個親切動作，瞬間將兩部電車的距離拉到最近。姜濤生日免費電車日當天，他也和現場的粉絲和乘客打成一片。

我問他這 27 年有沒有一些難忘的經歷？他回答說沒有。我有點驚訝，但其實又有什麼所謂呢？或許這就是「電車男」的個性，說話不多，但默默地做着一點一滴的紀錄。從他拍下的幾張照片，已看到他觀察入微。

Simon 父親

Simon 父親在 50 年代加入電車公司，約 70 年代退休。當時電車載客量大幅增加，經常出現頂閘的情形（乘客擠滿車門邊緣）。Simon 憑藉家父唯一的黑白照片憶述，家父初期是負責看守三等尾門的乘客上落，稱為司閘員，該職位的出現是由於司機只能集中車頭的乘客上落，所以額外需要一人看守車尾，當客滿時便手動關上欄柵保障車上乘客安全。後來電車改用風掣閘門後便取消司閘員一

職。家父亦升級至收銀（即售票員），穿着白色制服，頭戴白色帽子，揹着賓子機（打票機）和錢袋一邊替乘客在車票上打孔，一邊找換零錢給他們，忙個不停。Simon 對於家父電車工作的記憶不多，只記得他的員工編號是 111，同事都稱呼「三條柴」。

一架一架的電車，如鐵盒般每天在路軌上行走。新款電車陸續取代舊款，技術亦不斷改良。百年來電車連繫幾代人的生活，承載幾代人的回憶，這種人的元素，才是電車的靈魂所在。

✤ Simon 父親擔任售票員。

電車模型

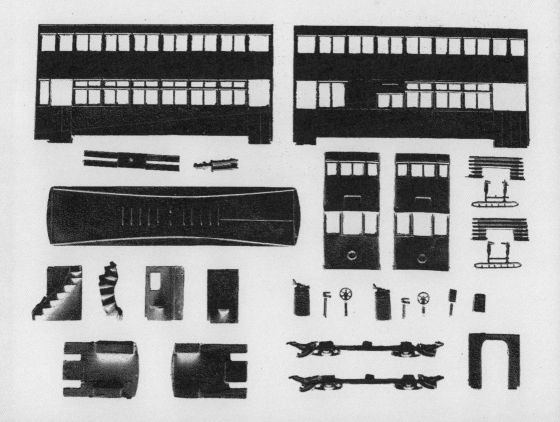

✤ 這部 1:18 的 145 號電車模型是 John Prentice 於 1981 年（第一次來港年份）製造。模型由木和金屬組合而成，車廂有人形乘客和車長，車身貼上 80 年代廣告，呈現加裝車尾樓梯後的後上前落模式，配備 24 伏特的 DC 摩打來走動。這部大比例香港電車模型曾經獲得 TLRS Wilson Trothy 獎。

✤ 英國 Pete Watson 設計的手造紙摺第一代單層電車（頭等）和戰前雙層電車，1:76，呈現電車由 1904 年單層演變1925 年雙層設計。

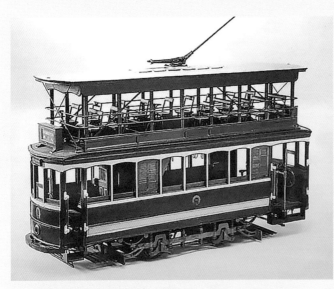

✤ 20 年代木蓋頂雙層電車大比例模型，由電車公司工程部製造，車廂內的座椅、扶手、樓梯等手工細緻，現存放於香港歷史博物館。

✤ 60 年代 CM Toys 製造的 1:43 戰後電塑膠玩具，車頭的直樓梯改裝，呈現頭和三等加上廣告的車廂格局。

John Prenti

有關香港交通工具的玩具或模型，多數以巴士為主，最早可追溯到 60 年代香港製造的戰後電車塑膠玩具。90 年代起英國 Peak Horse 推出一系列比例電車模型，近十年來電車模型款式增多，目前主要有英國 Majestic Trams、80M 模型店和微影 Tiny 不時推出香港電車模型，像真度十分高。

英國 Majestic Trams（前稱 TramAlan）90 年代生產 1:76 比例白金屬電車模型，需要自行拼砌。電車模型呈現 1949 至 1991 年間行走的戰後電車模樣，車身可配備掣動式摩打（ME34D09）來行走或非掣動式摩打（ME34U09）。模型套裝配有不同款式的樓梯，來顯示 50 年代至 80 年代電車由取消等級到上落付款模式的演變。詳情可見：www.tramwayinfo.com/majestic。

80M 巴士專門店（80M Bus Model Shop），1994 年由資深巴士愛好者郭炳華先生創立，初期售賣油畫，後來主力製造、銷售巴士模型及其他交通工具商品。近十年來推出了不少 1:76 金屬電車模型，包括舊款戰後電車、拖卡、旅遊電車、現役電車等，很多外地模型專家都特地訂購來收藏及改裝成掣動模式。詳情：www.80mbusmodel.com。

Tiny 微影 2013 年成立，以香港情懷為主題製造、銷售情景及模型。近年來與電車公司及其他大型品牌合作推出了不少 1:120 特別版電車玩具，例如電車大使叮叮貓、健力士世界紀錄、PANTONE 香港電車綠等。詳情可見：www.tiny.com.hk。

目前市面上見到的電車模型多數屬於現行款式的電車，上世紀的舊款電車例如單層電車至戰前款式多數集中在舊相片中，或基於這方面的市場不大，而暫時沒有這類電車模型。學會期望日後這種狹隘局面能夠改變，讓大眾尤其是新一代，能夠透過舊款模型等資料，多一個途徑接觸及認識昔日的電車歷史。

英國 Majestic Trams

❖ 電車於 60 年代後期試驗塗上黃色車身，使其他
　輛較易留意。初期黃色部分為一條長間線，88
　電車模型下層黃色的試驗色範圍加大，屬後期版
　　　　　　　　　　　　　　　　John Prenti

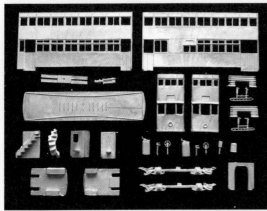

❖ 1 號拖卡是第一部電車公司製造的拖卡，頭等收
　行走至 1979 年。拖卡模型由原本的雙層車身切
　一半改成。

　　　　　　　　　　　　　　　　John Prenti

❖ 戰後電車的白金屬組件，需要自行拼砌。完成後的 55
　號電車模型，墨綠色車身、連接上層的單邊樓梯是 50
　年代戰後電車的格局。

　　　　　　　　　　　　　Helmut Gieramm

❖ 1979 年 1 號拖卡改成 163 號電車。

120 號車是戰後電車樣版，上層車窗較大，路線牌在中央。模型呈現 120 號車 80 年代的模樣。車頭上方有入錢標記，提醒乘客下車時投幣入車廂。

John Prentice

✤ WJB 生產的 1:90 香港電車玩具，編者自行繪畫 120 電車廣告。右邊是自砌版 **TramAlan** 白金屬香港電車模型配以 120 電車廣告。

同是 1:76 的戰後電車模型，左邊兩部是 60 年代款式自砌版，右邊是 80M 於 2021 年推出的 70 年代款式，即一人售票車尾上車的模式。

✤ 改裝後的 **Birkenhead** 69 號英國版戰後電車，上層車窗依照 120 號的大車窗，車身廣告是建造完成不久加上的版本。

Alan Kirkman

145 號車展現 80 年代後期的模樣，全車身廣告普及，車底的救生網換成防撞泵把。

John Prentice

✤ 由英國 **Peak Horse** 製造的 1:76 香港電車模型，車身呈現 **Birkenhead Tramways** 廣告。

80M 電車模型

✤ 2021 年 3 月推出的戰後電
160 號及後附單層拖卡模型，
現 70 年代電車拖卡風貌。

✤ 2016 年推出的 68 號遊覽電
模型，及 2020 年推出的旅遊
車模型 28 號和 128 號，造型
細，同樣採用「8」這好意頭
碼。

✤ 千禧電車模型 170 號，外型接近巴士設計，是電車
發展里程碑。2011 年新型鋁製電車（Signature
tram）1 號，路線牌改為 LED 顯示。

✤ 冷氣電車模型 88 號，配合第一部冷氣電車 88
2016 年面世。右邊的健力士世界紀錄 ™ 榮譽電車
號，藍色車身佈滿不同色彩的目的地牌，慶祝電
榮獲世界上最大雙層電車車隊的健力士世界紀錄 ™

Tiny 微影電車模型

❖ 2021 年 **Tiny** 微影推出的 1:120 綠色旅遊電車 28 號、紅色 128 號和遊覽電車 68 號。

❖ 不同系列的 1:120 電車模型，全部依照真車廣告製造。左二是 2000 年「源自 1904 年」綠色版廣告，右邊是 **Sanrio Characters** 聖誕特別版 168 號。

❖ 左起 30 號渠王版電車，珠江橋電車，荔園懷舊版電車，皆按照真車廣告製造，右邊的可口可樂是限定版。

✤ 電車大使叮叮貓電車模型，按照 2020 年推出僅有的兩部叮叮貓電車製造，92 號以橙綠配色，103 號以粉藍和粉紅配色。頭尾有貓鬚圖案。

✤ 依照真實廣告車改裝的青島啤酒 33 號。

John Prentice

✤ 2021 年 PANTONE 設計限定版香港電車綠（HK Tram Green）88 號電車模型，左邊的健力士世界紀錄 ™ 榮譽電車 165 號是按照真車改造。

✤ 為慶祝中華書局 110 週年紀念，微影推出一部限定版電車模型，車身以不同古典書籍呈現中華書局百年來文化傳承的貢獻。

✤ 128 號紅色旅遊電車模型，左邊由電車公司工程部人手製造。右邊由 Heritage Workshop 製造，造型精細，比例約 1:64。

✤ Heritage Workshop 在 90 年代生產的 28 號綠色旅遊電車模型，左邊比例約 1:90，右邊比例約 1:64。

DeTour 藝術電車模型

❖ 柚木電車 153 號改裝成一部「電車教室」（Detour Classroom），上層有書架排列不同書籍，車身框架以透明膠板包圍，通透的外型凸顯車內的電車組件。

❖ 129 號電車改裝成一部「黑盒電車」（Detour Black Box），銀色的鋁合金電車外殼有如鏡盒，與昏暗的車廂空間形成對比。

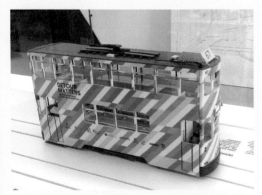

❖ 柚木電車 67 號改裝成一部「電車餐車」（Detour Eatery），上層設有長餐桌，下層設有酒吧。乘客可自備飲食上車享用。

❖ 300 號由工程電車改裝成一部開篷「音樂電車」（Detour Music Box），下層發電機為上層舞台表演的音響器材提供電力。

工程電車模型

✤ 德國電車發燒友改造的 200 號工程電車模型，下
層車廂裝有水箱作清洗路軌用。

Helmut Gieramm

✤ 由旅遊電車 28 號改裝成的 300 號綠色工程電車
模型。

✤ 英國模型專家改造的 400 號工程電車模型，樓上
仿照真車的吸塵機外型是用汽油泵改造。

✤ 1:43 俄羅斯製造的限量版 80 年代柚木電車模型。

其他款式電車模型

✤ 2019 年台東熱氣球嘉年華，特別推出三款 1:100 的合金電車模型。
車身繪畫精美，吸引旅客目光。

✤ 以 80M 電車模型改裝成 80 年代戰後電車版本，特地將原有車尾樓梯改為左邊，座椅亦重新人手製造。

✤ 九龍倉百週年特別版電車。

✤ 80 年代 WJB 推出一系列 1:90 電車玩具，這部 143 號 CSL 電話通訊是員工限定版。

✤ 日資商品常見於昔日廣告電車。

✤ 31 號車是最後一部離開舊車廠的特別車。

✤ 左邊是日本模型發燒友製造的一部 110 週年紀念電車模型。車身展現歷代不同款式的電車圖樣，富有歷史元素。右邊是百萬城於 2010 年推出一式四款香港電車模型的其中一部，白色車身布滿電車圖案。

附錄一　電車營運數據

表一：香港電車車款及號碼列表

年份	車號	製造商	車款
1904	1-16（三等） 17-26（頭等）	Electric Railway & Tramway Carriage Works Ltd, Preston	單層
1906	27-36（三等）		
1912	37-46	黃埔船塢	雙層，上層開篷無頂 *
1918-1923	47-80		雙層，帆布頂 *
*1913 年 -1924 年上層加上帆布；1923 年上層換上木蓋			
1925-1949	81-119	電車公司	全密封雙層 （戰前電車）
1949	120	電車公司	第一部戰後電車樣辦車 (1949 年款式)
1950-1964	1-119, 121-162 *1-119: 全數取代戰前式車身	電車公司 / 太古船塢 / 黃埔船塢	戰後電車 (1950 年款式)
1956-1984	200	電車公司	工程訓練兩用電車 （水箱車）
1964-1967	T1-T22	電車公司 / 太古船塢 / Metal Sections	單層拖卡
1979	163	太古船塢	由 T1 改裝
1986-1987	28（Albert）, 128 (Victoria)	電車公司	開篷旅遊電車
1986/87- 1991	1-27, 29-43, 45-119, 121-127, 129-143, 145-163, 165（舊 44）, 166（舊 144）	Full Arts/ Leeway Engineering	柚木電車（1986 年翻新→1987 年款式）
1991-1992	120		仿 1949 年款式
	69, 70 （英國 Birkenhead Tramways）		戰後式 (1950 年款式)
1998	200	電車公司	工程電車（路軌保養）
2000	168-171 *171: 冷氣電車樣辦車		千禧電車
2007	300		工程電車 （柴電兩用車）

2011	171-175 * 柚木電車退役,由鋁製電車取代	電車公司	鋁製電車（高科技）/ Signature Trams
2013	400		工程電車（吸塵車）
2016	68, 88		遊覽電車,冷氣電車
2018	18		Circus Tram

* 電車號碼的區分,第一個分水嶺是 1949 年最後一部戰前電車 119 號及第一部戰後電車 120 號, 第二個分水嶺為 1979 年最後一部戰後電車 163 號,第三個分水嶺為 2000 年新增的千禧電車 168 號,第四個分水嶺為 2012 年新增的最大載客電車號碼 175 號。

* 除了 1 至 22 號拖卡和戰後電車 1 至 22 號同期出現外,沒有重複號碼出現在同一時期。

* 電車號碼可因應不同情況,例如號碼選用作特別電車而作出調換。遊覽電車 68 號使舊柚木電車 68 號改為 81 號,冷氣電車 88 號則使原有柚木電車 88 號改為 30 號。

* 18 號派對電車取代拆車的舊 18 號。

* 工程電車屬於不載客,一般不計算電車數目內,目前最大的電車號碼是 400 號工程電車。

表二：電車載客人次及行車里數（1906-2021）

年份	年載客人次（百萬）	年行車里數（百萬）
1906	7	1.1
1907	8	1.2
1908	7	1.1
1909	7	1.2
1910	8	1.2
1911	9	1.3
1912	9	1.3
1913	9	1.4
1914	9	1.4
1915	9	1.2
1916	11	1.4
1917	10	1.3
1918	11	1.3
1919	12	1.4
1920	13	1.3
1921	18	1.6
1922	19	1.7
1923	21	2.1
1924	29	2.4
1925	21	2.1
1926	22	2.3
1927	28	2.6
1928	28	2.8
1929	26	2.9

（續上表）

年份	年載客人次（百萬）	年行車里數（百萬）
1930	27	3.0
1931	31	3.1
1932	32	3.3
1933	31	3.4
1934	30	3.3
1935	27	3.2
1936	31	3.7
1937	41	4.2
1938	51	4.3
1939	61	4.4
1940	62	4.5
1941	72	4.7
1942-45	日佔時期	
1946	50	2.7
1947	66	3.8
1948	89	4.2
1949	109	4.3
1950	111	4.2
1951	134	5.4
1952	133	5.3
1953	138	5.8
1954	142	6.1
1955	148	6.4
1956	159	7.2
1957	168	7.4
1958	172	7.6
1959	171	7.5
1960	176	7.8
1961	180	7.9
1962	188	7.7
1963	191	7.6
1964	182	7.3
1965	181	7.3
1966	181	不適用
1967	154*	不適用
1968	157	不適用
1969	162	不適用
1970	158	不適用
1971	156	不適用
1972	148	不適用
1973	145	3.7
1974	147	3.9
1975	144	3.9
1976	128	3.8
1977	134	不適用
1978	138	不適用

（續上表）

年份	年載客人次（百萬）	年行車里數（百萬）
1979	150	5.2
1980	159	4.9
1981	160	4.9
1982	143	4.8
1983	131	4.8
1984	122	4.7
1985	120	4.5
1986	122	4.6
1987	128	4.6
1988	131	4.4
1989	127	4.2
1990	127	4.3
1991	123	4.3
1992	124	4.4
1993	125	4.3
1994	124	4.2
1995	114	4.2
1996	107	4.2
1997	101	4.2
1998	92	4.1
1999	87	4.0
2000	86	3.8
2001	87	3.9
2002	87	3.7
2003	81	3.6
2004	84	3.7
2005	84	3.9
2006	83	3.7
2007	82	3.6
2008	82	3.6
2009	84	3.7
2010	82	3.6
2011	78	3.3
2012	74	3.2
2013	72	3.2
2014	66	2.9
2015	64	3.0
2016	64	3.0
2017	62	2.9
2018	60	2.7
2019	54	2.6
2020	41	2.8
2021	47	2.8

* 1967 年 10 月中，六七暴動後恢復正常服務。

附錄二　電車標誌歷史

襪帶標誌

　　香港電車目前最早的標誌見於單層電車的車身，呈現盾形的襪帶圖案，電車公司名稱圍繞着電車號碼。這款標誌延伸到戰前雙層電車時期，直到戰後電車面世為止。除此之外，並未有相關文獻存世。

人力車標誌

　　在一則電車公司慶祝 35 週年誌慶廣告裏面，出現一個人力車圖案，標有年份 1904。現時沒有更多的資料佐證是否屬於當時的電車公司標誌，不過整篇賀稿繪畫了一部戰前電車，更摘錄了過去 30 年間每年遞增的載客人數，當中一次大戰結束

後的 1920 至 1924 年，短短 5 年累積了超過一億載客量，當中並未計算月票持有人數字，可想而知當時電車的強勁需求，使電車公司業績大幅增長。

圓形標誌

　　在一張 1960 年電車公司發行的股票上，右下方蓋有一個鋼印，顯示一個圓形的電車公司標誌，電車公司名稱 Hongkong Tramways Limited 圍繞中間的 "HTLTD" 字樣，形狀看似路軌的橫切面。80 年代圓形標誌增加兩條龍盤桓左右兩旁，這個雙龍標誌見於昔日高級稽查員和教官使用的帽章及旅遊電車。

路軌標誌

1974 年九龍倉接管電車業務，公司標誌參照了最後一款車票上的路軌圖案，路軌標誌採用紅藍兩色，配合九龍倉的標誌顏色。這標誌直至 2009 年威立雅收購後仍然採用，2017 年更換新標誌後取消。目前只有工程電車 200 號車身維持路軌標誌。

特別版標誌

1986 年電車公司慶祝九龍倉 100 週年，適逢第一部旅遊電車 28 號面世，車身特別縣上前述的雙龍標誌，第二部旅遊電車 128 號同樣採用，遊覽電車 68 號則採用沒有雙龍的版本。

其後電車在下列時期亦特別設計紀念標誌：

- 1994 年電車慶祝 90 週年，香港地下鐵路公司和電車公司合作推出紀念車票，紀念標誌以簡明的「9」和「0」線條包圍着一部電車。

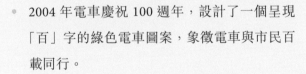

- 2004 年電車慶祝 100 週年，設計了一個呈現「百」字的綠色電車圖案，象徵電車與市民百載同行。

- 2009 年法國威立雅收購香港電車，特別設計了「始於 1904 年」新圖案，以圓形 HONG KONG TRAMWAYS 圍繞中間的「1904」。構圖和怡和年代的圓形圖案相似。

- 2014 年電車踏入 110 週年，紀念標誌將電車外型呈現「110」效果，表達電車行走 110 年從不間斷。

- 2017 年 5 月 26 日，電車公司發布全新微笑叮叮標誌，以電車車頭和化作微笑的泵把，凸顯電車平易近人，是自法國威立雅入主後，首次更換標誌。
- 2019 年慶祝電車服務 115 週年，將微笑叮叮的車窗變成「115」外型，並以「叮點愛 穿越 115 載」作為標語。英文版巧妙地用 "StanDING" 結合「叮叮 / DINGDING」為人熟悉的叫法。

電車圖案標誌

以往電車站牌並無電車圖樣，只有中英文字眼。1983 年起電車站牌統一款式，標有 50 年代戰後電車圖案，方便乘客識別。1991 年，電車公司在車站裝上目的地預計到達時間顯示牌，其中標有 1987 年款的柚木電車圖案。目前剩下銅鑼灣百德新街站仍然保留該款顯示牌。

據溫禮高憶述，1988 年運輸署多次討論如何區分新界輕便鐵路和港島電車的標誌，溫曾經建議採用和當時電車站牌一樣的標誌，但沒有得到接納，因此屈地街電車廠啟用初期及後數年，以及位於灣仔莊士敦道和軒尼詩道西行線交界，曾經出現輕便鐵路使用的標誌。

附錄三　電車組件操作知識

電車底盤

　　香港電車使用的底盤屬於 pendulum truck，bogie（轉向架）較多形容鐵路，直譯不夠貼切。現時使用的電車底盤最遠可以追溯到上世紀 20 年代。電車底盤由摩打和車輪組成，是一組承托車身的主件。大部分電車底盤經過重複使用和改良。電車底盤長 17 呎 3 吋，前後車輪軸距為 8 呎 6 吋，車輪直徑為 33 吋。

> **底盤和轉向架的分別**
> * 電車底盤（truck）是英式寫法，車輪不能轉向。
> * 轉向架（bogie）多數形容鐵路卡車，車輪可以轉向。

電車底盤主要分為三款：

一、Peckham

　　現時大部分電車底盤屬於 Peckham 款式，源自美國人 Edgar Peckham 的設計，Edgar 於 1906 年在倫敦成立 Peckham Truck & Engineering Co. Ltd.。1925 年至 1937 年期間，Brush Electrical Engineering Co. 為香港電車專利生產 8'6" Peckham 底盤（P22 型及 P35 型），這尺寸是確立現時電車底盤的規格。大部分在杯士箱（axlebox）外殼可以見到 "Brush" 字樣。少數底盤仍然刻有 "Peckham Truck" 字樣可能屬於更早時期，比較罕見。

二、Maley & Taunton（M&T）

位於倫敦西北一個城市 Wednesbury，Maley & Taunton Ltd 由 Alfred Maley 和 Edmund Taunton 兩人於 1926 年成立，初期向香港電車供應氣掣配件（air brake），1938 年後，取代 Peckham 生產底盤。

二戰結束後，新建的戰後電車部分使用新 M&T 底盤，或從退役的戰前電車轉移的 Peckham 和 M&T 底盤。M&T 底盤 1961 年停產。

三、太古船塢 / 電車公司底盤

1961 年後，底盤改由太古船塢（Taikoo Dockyard）提供或電車公司自行製造，以省卻高昂的水路運費。根據 1970 年的紀錄，電車底盤共有 174 個，另外有 20 個由太古船塢建造，用於 2 至 21 號拖卡上，這 20 個底盤相信已經隨拖卡在 1982 年一併拆解。

1986 年電車進行翻新，163 部戰後電車使用的底盤連同備用底盤，轉移到翻新電車和新柚木電車上。2011 年，這批底盤再次轉移到新鋁製電車上。這就解釋為何有些底盤的歷史可以追溯到 1925 年。經過多年車輪、摩打等已換成新款，只有杯士箱和車底鐵（side frame）仍是原裝。

外型方面，Peckham 底盤的車底鐵較幼，M&T 底盤則較粗。而電車公司底盤因參照太古船塢製造，兩者外型相似。每個底盤都有編號刻在車底鐵左邊，編號越細，年份越久遠。車身和底盤可以分離和互相轉移至其他電車上，由工程部紀錄底盤編號的變更。

2018 年，電車公司工程部研製全新底盤，透過加強避震技術以改善車身的平穩度。部分改良的底盤已補上遞增號碼（目前最大是 188 號）或重用舊號碼。隨着新底盤計劃安裝在新車上，意味舊底盤將會陸續消失。

電車摩打

主要分為直流電摩打和交流電摩打兩種，有以下分別：

摩打種類	直流電摩打（DC motors）	交流電摩打（AC motors）
重量（噸）	5	4.1
製造地	英國 English Electric	國內
電壓	33.5 匹	50kW 400 伏特
使用車款	柚木電車	鋁製電車（AC 電車）

　　DC 摩打根據大修年份分為黃、橙、灰、綠四種顏色，AC 摩打則為藍色。每部 AC 電車完成後都會出街試車測試性能，確保正式載客時的安全穩定。其中 98 號 2016 年曾測試使用中車永濟電機研發的永磁電機牽引系統，後因成本問題擱置。

電車操控方式

　　現時新舊款電車主要分為以下三種操控方式：

	電阻變速	無段變速 （斬波）（IGBT）	變壓變頻 （VVVF）
電車款式	柚木電車		鋁製電車
變速原理	電子控制電流輸出		・逆變器將直流電變成交流電 ・裝有加速檔及減速檔，控制桿往前推便能減速
耗電	比較耗電		改善耗電，節省電費
加速和減速操作	先將控制桿關閉才能重新往後拉來加速	可自由拉後加速或推前減速	感應式車速控制

電車煞車的方式有以下三種：

一、風掣

利用車底的草鞋夾迫轉動的車輪外沿，令車輪減慢轉動。司機向前推動風掣手柄，令車底前後草鞋拉緊達至減速效果；往後拉則釋放壓縮空氣，草鞋對車輪的壓力亦減少。風掣在駕駛台的右邊，駕駛室背後樓梯底內裝有風缸（Air compressor），右側的風量錶（Pressure gauge）記錄風缸的容量，紅色指針要處於 80-100 psi 才能開車，確保氣缸內的風壓足夠。

二、沙箱落沙

電車下層座椅底下、近前後車輪上方，每邊裝有兩個沙箱，電車減速時由於車輪和路軌之間並無摩擦力，當草鞋壓迫車輪時，車身仍有一定的衝力，當緊急煞車時，推風掣會自動開啟沙箱的活門排放沙粒於路軌上，增加摩擦力，將電車停下。電車廠內設有曬沙場和烘爐，作儲備乾沙和曬乾濕沙之用。

三、手動煞車掣

俗稱輪掣，位於駕駛台右下方，貌似汽車
呔盤。遇上電力故障或風掣失靈，司機用
手轉動這個圓形鐵輪，利用槓桿原理推動
車底的鐵鏈，拉緊草鞋並鎖住車輪，防止
車身溜前或溜後。

拖里（Trolley）

電車車頂的拖里主要由拖里桿和彈弓組成，是電車的通電裝置。拖里桿將
電流從天線引入來驅動電車，約有 28 至 32 磅往上撐的彈力，保持與天線的接
觸；拖里桿及末端的拖里頭可因應拖里鞋支托天線的方向作旋動，增加靈活性。

現時電車使用的拖里有三款：

一、大部分電車使用，屬早期款式，以一條彈弓承托（俗稱長棍）；

二、50 年代戰後電車使用，外形和無軌電車使用的接近，有一對彈弓承
托（俗稱短棍）；

三、同樣有一對彈弓、但比第二款拖里盤略高，和上海無軌電車款式相似。
雙彈弓拖里磅數較單彈弓大，多用於旅遊電車／冷氣電車上。

電車如何經過夾口轉彎？

　　電車轉彎及直去的分岔路段設有自動夾口，透過地底的電子感應裝置推動夾口槓桿來控制夾口的方向。電車夾口範圍由第一條黃線、中間白線和第二條黃線組成。

一、電車在第一條黃線前減速。如前方轉彎電車未通過第二條黃線，後車不能超越第一條黃線；如前方無電車，才可通過第一條黃線並停在中間白線前。

二、夾口指示燈會轉為斜線，路軌和天線的夾口會對應轉換發出聲響，電車可慢慢轉彎。

三、轉彎電車離開第二條黃線時，拖里頭觸及上方的還原裝置，夾口指示燈會還原直去的方向，後車才可開動。

四、站長或會指示車長變換目的地,車長需更改輸入資料,自動夾口才會相
　　應改動。車長並需留意夾口指示燈、路軌和天線是否方向正確和一致。

電車指示牌和信號燈

　　電車一般是和其他交通工具共用交通燈,部分路線
和夾口附近設有電車專用的「T」燈,等於車輛使用的
綠燈,約 70 年代引入。至於「去」字燈在沿線總站可
以見到,當燈亮起時電車便需要離站,而「停」字燈視
乎路面情況較少使用。

電車如何調頭?

1. 電車由車頭改為車尾(三等)行駛

撬動路軌波口　　用勾竹將車頂拖里拉下,　　電車駛過夾口
　　　　　　　以逆時針方向調動拖里

2. 電車由車尾變回車頭行駛

撬路　　　　　　過夾口　　　　　　調拖里

　　此前,工作人員會撬動路軌波口,確保電車順利通過夾口。調動拖里前,
車內電源必須關上。電車倒駛時,上層乘客會倒轉坐,雖然大部分已裝有後備
八達通,但乘客宜準備零錢備用。

電車沿線共有 9 個人手操作的調頭夾口。電車由車頭改為車尾駕駛，俗稱「倒叮」，因車長是站在昔日三等乘客上車位置，所以車長俗稱「揸三等車」。

車頂電阻箱的一方，車門較窄便是車頭，車門較闊是車尾。

120 電車為何很少用作調頭？

- 昔日電車頭尾都可以駕駛，自 90 年代電車操控系統改良，電車駕駛台上安裝插入式開車匙（有別於干都拿電車使用干都拿匙）和緊急停車裝置，柚木電車裝上俗稱「紅冬菇」的按掣，而干都拿電車則在控制器下方裝上俗稱「擦鞋箱」的腳掣，開車時必須踏下，電車才會開動。防止車長不省人事時電車繼續前行發生意外。

- 由於這裝置較少人留意，需要駕駛過舊式控制器（干都拿）電車的車長才可以操作，而避免乘客搭倒頭車時被這個裝置絆倒，因此很少用干都拿電車調頭。

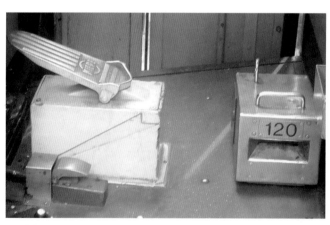

✤ 擦鞋箱

附錄四　歷任電車公司總經理

總經理	上任時期
J. Gray Scott 史葛	1902 - 1909
J.J. Stodart Kennedy	1909 - 1919
W.E. Roberts	1919 - 1924
L.C.F. Bellamy M.C. 柏林美立	1924 - 1947
William Frederick Simmons 西門士	1947 - 1950
C.S. Johnston M.B.E. 莊士頓	1950 - 1961
John H.W. Salmon 沙文	1961 - 1978
John Harris 哈利士	1978 - 1984
John Carey 加利	1984 - 1990
Ian C. Hamilton 韓務庭	1990 - 1994
Frankie Yick 易志明	1994 - 2000, 2003
T.K.Wong 黃子建	2000
Geoffrey Lee 李觀平（署理）	2001
Micky W.C. Leung 梁榮宗	2002
James L.K. Yu 余禮乾	2004 - 2006
Johnny T.H. Leung 梁德興	2006 - 2009
董事總經理	
Bruno Charrade 夏睿德	2009 - 2011
W.H. Tsang 曾永鏗	2011 - 2014
Emmanuel Vivant 魏文	2014 - 2017
Cyril Aubin 敖思灝	2017 - 2022
Paul Tirvaudey 戴弘博	2022 - 現在

展望 · · · · · · · · · · · · · · 電車博物館

香港值得擁有屬於香港電車的博物館。

自 1881 年一條私人草案變成 1904 年港島北岸第一條電車路的誕生，電車悠長的歷史歲月，是我們值得珍而重之的文化標誌。

電車形象多年來深入民心，是最便宜的交通工具以外，還創造出獨有的社區藝術文化價值，旅客來港必定推薦的旅遊體驗，享譽世界。

理想的電車博物館，是有真實電車連接市區，隨時隨地接載旅客觀光。維也納和瑞士蘇黎世都有不同款式的電車遊走各區。英國 Birkenhead 電車博物館擁有兩部港版電車，每年吸引無數遊客參觀，亦是成功的例子。

香港鐵路博物館佔地 6,500 平方米，是目前比較具規模的戶外博物館之一，一直以來得到不少團體持續關注，加上近日舊款火車「黃頭」掀起熱話，及舊款港鐵列車陸續退役，鐵路博物館能否容納更多退役列車展示將是討論範圍。

活化後的大館 2018 年啟用至今吸引不少人士入場參觀，集文化、藝術、消閒於一身的模式近來似乎成為民間博物館的趨勢。

相對必須行走路軌的電車，在土地因素及鐵路為本的政策下，加上有限的電車歷史文件，使香港目前未能設立電車博物館。誠然可惜。

電車於去年（2021 年）獲得健力士世界紀錄 ™ 榮譽，成為最大服務中的全雙層電車。這項成就將電車（叮叮）獨有的社區文化標誌推向全世界，然而全球性的疫情令旅遊業受到嚴重影響，旅客無法來港體驗這份喜悅。

學會有幸承接當時這股喜氣舉辦首次電車展覽，以圖片及導覽的方式展示歷來電車的變化，並感謝電車公司借出珍貴文物，使大

眾能夠近距離觀賞，加深對百年電車的認識。

香港擁有三樣超過百年的公共交通工具：山頂纜車、天星小輪和電車。山頂纜車目前更換和測試新車身，預計今年夏季正式投入服務；天星小輪和電車在疫情影響下營運面對挑戰，廣受大眾關注；特首林鄭月娥卸任前表明會竭力保育這兩項具有歷史文化價值的香港標記。

歷史博物館預計 2024 年將會重新開放，去年閉館前得知入面一部原裝戰後電車會予以保留，學會期望重開後能夠帶來新氣象。

後記········悼交通研究前輩——溫禮高

　　T.V. Runnacles 的名字和拍攝的相片在很多交通書籍都會看到，過往他來港和交通組織交流時都吸引不少愛好者前往一睹風采。溫氏每次演講分享交通研究時，都不需要看備忘紙，流暢地說個不停。這是認識他的外國朋友憶述。

　　溫禮高是他任職運輸署總運輸主任時的中文名字。

　　第一次和溫氏見面，相約在上環街市門外。因在電車路附近不容易迷路。我從來沒有見過他，不知道他長什麼樣子。不久我看到一個高個子、揹着長鏡頭相機的中年人，聚精會神地對着前來的一部電車拍攝，直覺告訴我：是他了！

　　他是在百忙之中抽空和我見面的。因此我當下提議替他和一部電車合照。

　　第二次來港他相贈了一份文件給我，是他 2000 年時撰寫的電車發展研究報告。數年前我才花了一些時間研讀，不得不佩服他蒐集和整合資料的功力！

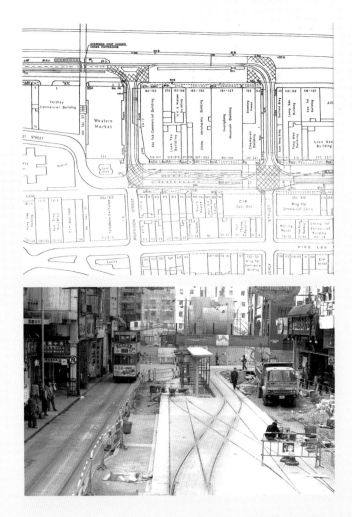

　　每天人來車往的上環西港城電車總站，原來昔日有唯一一段剪形渡線（scissors crossover）擬用作堅尼地城至上環短途線使用。如今只剩下單邊。

　　遺憾的是，我沒有機會再向他討教了。對整個交通界是一個損失。

　　感謝他補充了鮮為人知的電車發展資料，謹以此書作為存念。

2022 年 5 月

增訂版後記・・・・・・・・・・・ 由車迷到傳承

回首 12 年前，做了一個人生重要的
決定—寫一本電車書，卻不知從何入手。
偶然發現第一版《香港電車》英文書，資
料十分詳盡，並結識了 John Prentice，他
佩服我這位不眠不休的電車迷，提議一起
合作延續這部電車專書，2017 年，增訂版
《香港電車》一書順利完成，舊版的作者
Alan Williams 得知合著面世後順道訪港，
第一次和我見面。我帶領他到訪電車廠拜
會法籍管理層安東（Antoine），兩冊電車
書的結合，讓 Alan 高興極了！

及後認識電車世家祥哥，讓我這位小
人物得以參與「微笑叮叮」新標誌發佈會，
並和時任管理層魏文（Emmanuel）一起亮
相，鎂光燈下瞬間成為焦點，讓我有點受
寵若驚！

2022 年 7 月管理層 Cyril 功成身退，為
了答謝他兩次為學會的書題序，我親自贈
書，竟幸運遇上新管理層 Paul。新舊電車
掌陀人的交接，我成了見證者。

電線車、山頂纜車和天星小輪，巧合
地都具有綠色的元素。纜車和電車雖然各
自行走，但追溯上世紀興建電車方案，路
面電車和登山電車早已放在一起。因緣際
會，我拜訪了山頂纜車總經理曾瑛美。

去年疫情反覆，都無阻香港市民對新款山頂纜車面世的興奮之情！難得的活動，我們不知不覺化身成遊客，不論車內車外，車迷、老人家、情侶以至一家大細，都盡情打卡，重拾熟悉的情懷。

電車連繫着世世代代的「人」，累積無數的人情味，是珍貴的香港標記。電車陪伴我們走過高低，走過疫情的挑戰，帶來健力士「世一」的成就，已經超越了最便宜交通工具的單一價值。通關後來港遊客增多，電車成了他們體驗香港活動首選之一，因此發生不少遊客在車頭拍攝時不小心將電話跌入車窗內的狹縫，幸好得站長協助成功將電話取出，令其感激不已！

如今我卸下了電車迷的身份，不再屬於個人的喜好，轉而留意其他人用不同的方式去記錄電車，好像回顧過去的自己一樣。這部「紙本電車博物館」完書後，又獲得新的文獻，蘊藏未知的資料留待我去研讀。我期望更多人關注和支持電車，讓新一代傳承下去。

拙作獲得多方讚賞，再次感謝中華書局，及提供珍藏的歷史藏家吳貴龍、劉俊豪、張順光及巫羽階，方能整合成書。未盡之處還請各位不吝賜教。

2023 年 6 月

謝耀漢
John Prentice　合著

責任編輯　　葉秋弦

裝幀設計　　簡雋盈

排　　版　　簡雋盈

印　　務　　劉漢舉

出版

中華書局（香港）有限公司

香港北角英皇道 499 號北角工業大廈 1 樓 B

電話：（852）2137 2338

傳真：（852）2713 8202

電子郵件：info@chunghwabook.com.hk

網址：http://www.chunghwabook.com.hk

發行

香港聯合書刊物流有限公司

香港新界荃灣德士古道 220 - 248 號

荃灣工業中心 16 樓

電話：（852）2150 2100

傳真：（852）2407 3062

電子郵件：info@suplogistics.com.hk

印刷

美雅印刷製本有限公司

香港觀塘榮業街 6 號海濱工業大廈 4 樓 A 室

版次

2022 年 7 月初版

2023 年 7 月增訂版第 1 次印刷

© 2022 2023 中華書局（香港）有限公司

規格

16 開（240mm x 170mm）

ISBN

978-988-8860-61-6

由電線車說起

駛過百年的軌跡

增訂版